THE END OF PRINT

Impressum
© Ausstellung
„David Carson - Zeichen der Zeit - Graphikdesign aus Kalifornien"
Die Neue Sammlung, Staatliches Museum für angewandte Kunst, München

Die Ausstellung
"David Carson - Schriftbilder - Bildwelten"
Forum für Gestaltung Bern im Kornhaus
wird unterstützt von
Stadt Bern
Kanton Bern
Siemens-Electrogeräte GmbH, München
Zumtobel Staff, Zürich
Buchs Medien AG, Buchs
Hinrichs FotoFactory, Georgsmarienhütte

Veranstalter und Organisatoren danken folgenden Förderern,
die die Ausstellung durch ihr Engagement
in diesem Umfang erst ermöglicht haben:
Dr. Florian Hufnagl, Die Neue Sammlung, München
David Carson, San Diego/New York
DESIGN INTERNATIONAL, Dr. Albrecht Bangert/Dr. Otto Riewoldt, Köln
Klaus Leuschel, Elsass
Weltwoche, Zürich

Ausstellung
"David Carson – Schriftbilder – Bildwelten"
Forum für Gestaltung Bern
(ArchitekturForum Bern, SFGB Schule für Gestaltung Bern,
SGV Schweizer Grafiker Verband, SGD Swiss Graphic Designers,
SWB Schweizerischer Werkbund/Ortsgruppe Bern)

Projektleitung: Fritz Bürki

Die Ausstellung steht unter dem Patronat von Madeleine May Kunin,
Botschafterin der Vereinigten Staaten von Amerika
und Klaus Baumgartner, Stadtpräsident von Bern

Video- und Filmproduktion:
Alex Weil + Charlex, NYC/USA
Katalog : Bangert Verlag München/Schopfheim

ISBN 3-925560-65-3

Illustration (vorhergehende Seite) Vera Daucher
Die Hintergründe der Kapitel Transworld Skateboarding und Ray Gun
wurden von Florian Böhm (Scheppe & Böhm Assc, München) entworfen.

The End of PRINT

David CARSON

text lewis blackwell

bangert verlag

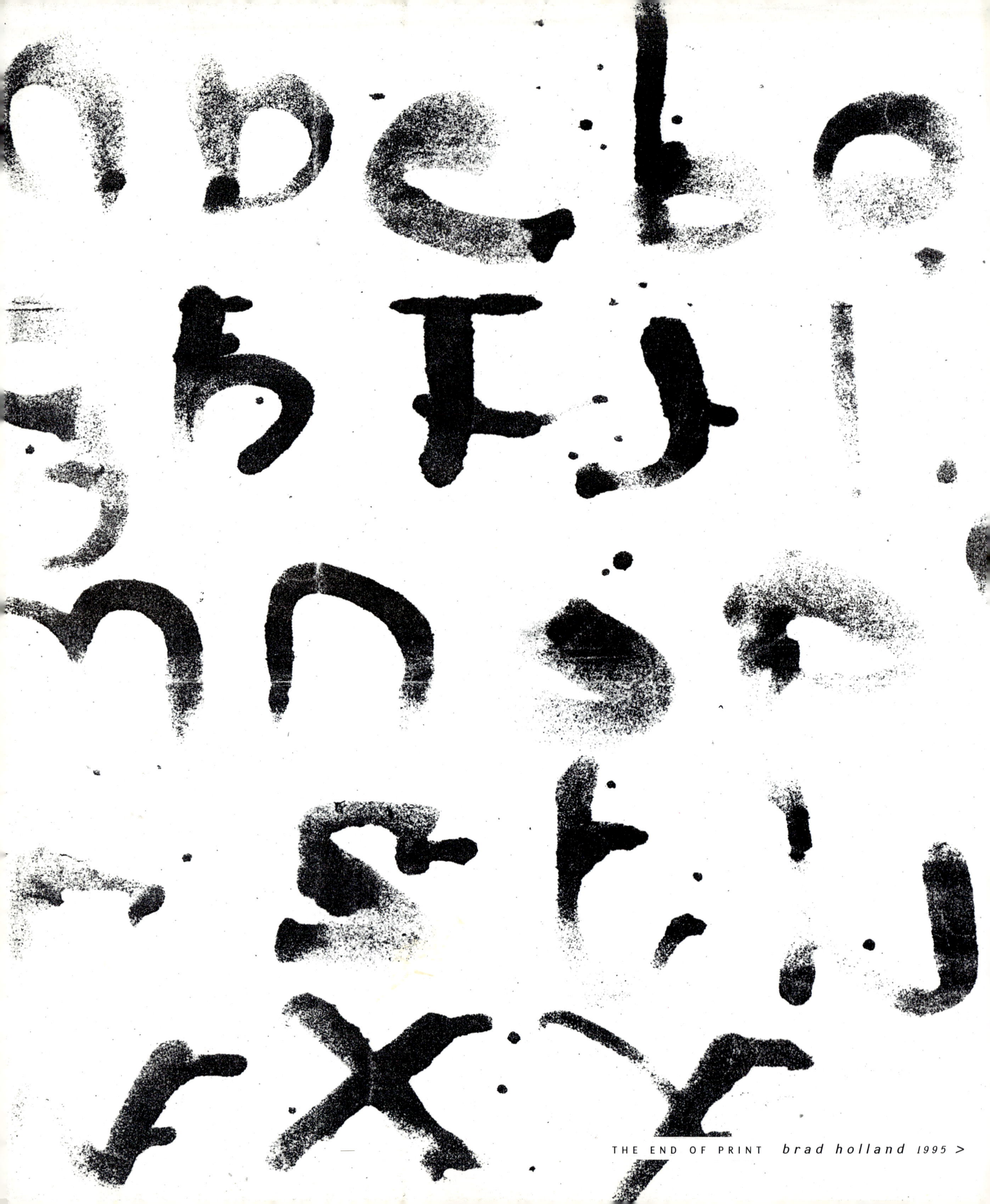

THE END OF PRINT *brad holland* 1995 >

INHALT

vorwort von david byrne

einleitung

zeitschriften [TWS, Beach Culture, Surfer, Ray Gun]

[ein gespräch in venedig]

$ell out [werbung, plakate, vorträge]

[arbeits-weise]

curriculum vitae

THE END OF PRINTS:

marshall arisman, gary baseman, jackson boelts, edward fella, matt mahurin, rebecca mendez, alain pilion, jake tilson, steve byrom, marcellus hall, hayes henderson, david o'higgins, sandra hill, tibor kalman, geof kern, andré thijssen

the end of print geof kern>>

Was zum Teufel geht hier vor, dachte ich mir, als mir die kurzlebige Zeitschrift Beach Culture zum ersten Mal begegnete. Wer liest so etwas Verrücktes? Erscheint sie nicht an der falschen Stelle? Richtet sie sich nicht ans falsche Publikum? Sie gibt vor, populär zu sein, ohne sich anzubiedern. Paßt derart radikales Design wirklich zu Surfern? Oder sind Surfer etwa cleverer als ich dachte? Gut, aus Südkalifornien kamen so verrückte Sachen wie Kustom Kars und Low Riders, beides Beispiele für populäres, schön radikales, aber unnützes Design. Vielleicht war Beach Culture auf einem ähnlichen Trip. Popkultur, doch viel revolutionärer als die Kunst.

Beach Culture verließ bereits die Bühne, bevor Antworten gegeben werden konnten.

Doch mir fiel auf, daß auch Rockmusik inzwischen dumpf und altmodisch auf der Stelle trat und die populären Magazine bereits zum Partystil verkommen waren. Sie wollten aufregend sein, aber ihr Horizont war beschränkt und hatte sich immer mehr zur Vorgartenidylle entwickelt. Und genau da wollten wir wieder raus!

Dann erschien Ray Gun und wieder derselbe Typ: David Carson! So kamen wir schließlich ins Gespräch.

Das Design wieder ganz cool! Und plötzlich machte einen die visuelle Sprache an - wie Rock'n Roll. Selbst Leser schickten Illustrationen, Bilder, Skizzen. Das war kein ausgerasteter Designer, sondern eher ein Katalysator, der erkannte, was viele fühlten: Die Abgrenzung zwischen den „professionellen" Musikern/Künstlern und der Welt der Amateure wurde fließend.

Jahrzehntelang hatten öffentlich geförderte Kunstprogramme vergeblich versucht, „Kunst unter's Volk" zu bringen. Museen und Bildungorganisationen scheiterten bei dem Versuch, „die Massen zu erleuchten: bis die Massen" diese Aufgabe schließlich selbst übernahmen - unbemerkt und in anderer Form. Mit Gitarren und gedruckten Fantasien, mit Kustom Kars, Surfboards und Skateboards.

David Carsons Arbeitsstil ist ein gutes Beispiel für McLuhans These, daß ein Kommunikationsmedium zur Kunstform wird, wenn es seine ursprüngliche Bedeutung verloren hat. Druckerzeugnisse wie Bücher, Zeitschriften und Tageszeitungen mutieren zu Ikonen, Skulpturen und Texturen. Sie werden zu Kommunikatoren einer anderen Ordnung. Wenn seine ursprüngliche Kommunikationsfunktion von anderen (heute elektronischen) Medien übernommen wird, beschränkt sich die Rolle des Printmediums nicht länger nur auf das Nachrichtenübertragen. Es bekommt oder nimmt sich einfach, wie in diesem Fall, Freiheiten, von denen kein Weg zurückführt. Das Druckmedium scheint wie neu geboren, auferstanden als etwas noch nicht Definierbares. Tot ist es noch lange nicht. Eine Mutation hat stattgefunden.

Davids Arbeit entwickelt eine eigene Sprache. Auf einer Ebene jenseits vom Wort. Auf einer Ebene, die die logischen und verstandesmäßigen Zonen des Gehirns umgeht und sich an Seiten in uns wendet, die verstehen, ohne zu denken. Seine Sprache funktioniert wie Musik - sie schleicht sich ein, bevor sie jemand „an den Grenzen stoppen kann und nach Ausweispapieren fragt".

-david byrne, nyc, 1995

photos: dc

Gilbarco
CALCO-METER
DAGSPRIS
1 2 6
ØRE

Medienkonzert vielleicht einmal eine Nebenrolle spielen werden.
viel zu entdecken gibt, beweist dieses Buch Seite für Seite, auch wenn Druckfarbe und Papier im großen
Das Printmedium erweist sich als ein vitales Element. Daß es noch lange nicht am Ende ist und es noch

wird damit die Krise des Druckmediums angesichts neuer elektronischer Medien thematisiert.
Entwürfe werden mit dieser Formulierung in den Kontext einer Endzeitstimmung gesetzt und gleichzeitig
„The end of print" spielt auf die Gratwanderung an die ästhetischen Grenzen des Mediums an. Carsons

Gedruckten als zeitgemäßes Massenmedium führen könnte.
zu unternehmen. Alle Beteiligten erkunden mit ihm zusammen neue Richtungen, in die die Welt des
San Diego gesucht, um Bewußtseinserweiterung und Gratwanderungen zu den Grenzen eines Mediums
setter der amerikanischen Werbeszene haben die Zusammenarbeit mit dem Avantgardisten aus
reichen wie Malerei, Fotografie, Zeitschriftenillustration und Rockmusik oder prominente Trend-
alles Traditionelle revoltiert. Zahlreiche ernstzunehmende Künstler aus so unterschiedlichen Be-
Seine Anhänger findet man nicht nur unter einer wilden Studentengeneration, die gegen

Verlust eines Systems, in dem sie sich gerade so komfortabel eingerichtet hatten.
Dimensionen erschließenden Freestyle gewiesen hat, seine Kritiker hingegen beklagen den
n e u e
Die Befürworter feiern den Grafiker aus San Diego, weil er den Weg zu einem provokativen und
auf der anderen Seite wird Carson wie ein revolutionärer Befreiungsheld enthusiastisch gefeiert.
Held und Ketzer in einem zu sein, ist folgerichtig. Einerseits wird seine Arbeitsweise kriminalisiert,

Maßstäben akzeptable Form verlassen. Damit erschloß er Neuland für das Grafikdesign.
fraktalen Buchstabenbildern und dekonstruktivistischen Wort/Bild-Fantasien jede nach traditionellen
Experimentierfeld aussehen mag, trügt, denn Carson hat längst mit seinen verschnittenen Layouts,
große Kunden aus Werbung und Publishing auf den Avantgardisten zu. Was wie ein abgestecktes
Beschränkte sich sein Betätigungsfeld zunächst auf die Gestaltung von Nischenzeitschriften, kam er bald

Kollegen aufmerksam, aber auch mißtrauisch beobachten.
ten Gestalter kurzlebiger Magazine zu einem mit Preisen überhäuften Meister auf, dessen Erfolge seine
Layouts alle Regeln der Typografie bricht. Innerhalb der letzten fünf Jahre stieg Carson vom unbekann-
behaupten, David Carson sei der „Master of Non-Communication", ein Mann, der mit seinen sinnlosen
Ach ja, das Layout einer Zeitschrift. Wie kann so etwas Peripheres Leute auf die Palme bringen? Sie

schnellen Schnittfolgen von Werbespots oder das Aussehen von Zeitschriften?
des Mülls in der Gosse, für die Sicherheitskameras in öffentlichen Gebäuden, für Stöckelschuhe, für die
Wer sonst trägt die Verantwortung für das Aussehen einer Kunstausstellung im Museum, für den Anblick

Jede Gesellschaft hat das Erscheinungsbild, das sie verdient. Oder etwa nicht?

"10" doug aitken. hintergrund: zufallsergebnisse
l. porter's print shop. san diego. 1995

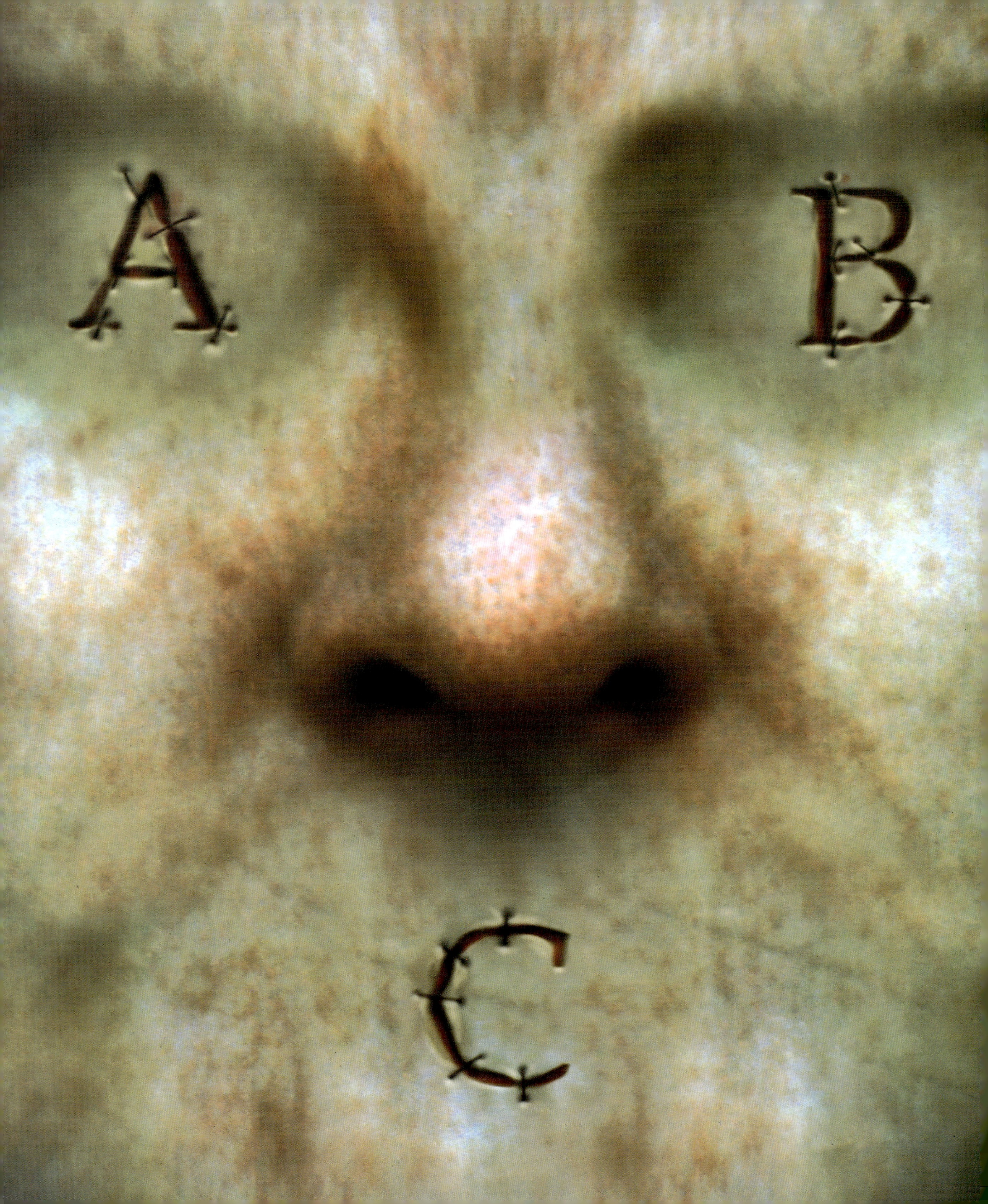
A
B
C

^"type" dc

Wenn man ... Kultur ein Buch in ... nimmt, liest oder nur blättert,

geht man davon aus, ... Werk vorne beginnt und linear bis zur letzten Seite

Das sind aber alles nur Gewohnheiten und keine festgeschriebenen Regeln

oder gar Gesetze, denen wir blind gehorchen müssen. Diese stimulierende Unsicherheit
Wenn man in der westlichen Kultur ein Buch in die Hand nimmt, liest oder nur blättert,
prägt die Arbeitsweise von Carson Seite für Seite. Zwischenräume beginnen zu sprechen,
geht man davon aus, daß das Werk vorne beginnt und linear bis zur letzten Seite
fragmentierte Buchstaben und neue Bezüge treten in Wettstreit mit dem geschriebenen
läuft.
Wort. Schreibweise, Interaktion zum Bild und einfallsreiche Dialoge mit dem Medium
Das sind aber alles nur Gewohnheiten und keine festgeschriebenen Regeln
lassen eine Kommunikation der neuen Art entstehen.
oder gar Gesetze, denen wir blind gehorchen müssen. Diese stimulierende Unsicherheit
¿KONFUS? DANN VERTRAU DEN BILDWELTEN.
prägt die Arbeitsweise von Carson Seite für Seite. Zwischenräume beginnen zu sprechen,
Für diese Art der Weiterentwicklung eines traditionellen Mediums interessieren sich
fragmentierte Buchstaben und neue Bezüge treten in Wettstreit mit dem geschriebenen
nicht nur Freaks aus der Subkultur, sondern zunehmend die Werber bekannter Trendmarken.
Wort. Schreibweise, Interaktion zum Bild und einfallsreiche Dialoge mit dem Medium

the end of print < MATT MAHURIN

lassen eine Kommunikation der neuen Art entstehen.

¿KONFUS? DANN VERTRAU DEN BILDWELTEN.

Für diese Art der Weiterentwicklung eines traditionellen Mediums interessieren sich

nicht nur Freaks aus der Subkultur, sondern zunehmend die Werber bekannter Trendmarken.

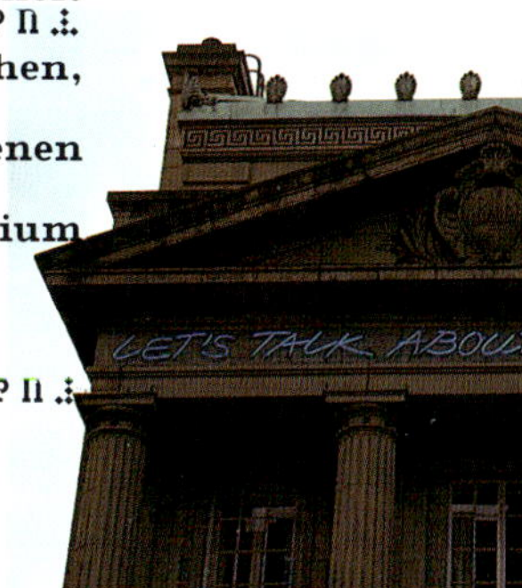

dc/ david slack

Das Publikum läßt sich bereitwillig von Carsons un-

widerstehlicher Vorstellungskraft verführen. Er hat
Artikel gestaltet und die Verwendung von Fotos als
Art Director neu definiert. Er hat
einen auf Authentizität bedachten Illustrationsstil
entwickelt. Er hat
das Schriftbild und die Kalligraphie von Zeitschriften

und Anzeigen verändert.

Er überschreitet Grenzen und fordert Opfer.

In Schwerstarbeit müssen Schriftbilder

mit

Bildfragmenten kombiniert werden, ehe eine

Interpretation des Zusammenhangs möglich wird.

Carson provoziert unsere Augen: Ob mit
25 Bildern pro Sekunde im Film, in seinen Layouts, in Zeitschriften,
oder in diesem Buch

shawn wolfe

† MEMOIREN EINES RENAISSANCE-PAPSTES †

Seine Gestaltung befreit sich von den alten Regeln. Was ist gutes Design. Dadurch verlie noch Designer an Wirkung. Während n drei Jahre hat David Carson sich zwar ver edentlich in In s, Vorträgen und Diskussionen zu den P inzipien seiner ise geäußert. Doch ist er bei eher vagen Statements pretationen geblieben, weil er der Aussagekraft sein mehr vertraut als Worten und sie lieber als Medi sich sprechen läßt. In Workshops weist er lieb ehmer auf ihre eigenen Qualitäten hin, als ihnen se pien aufzudrängen. Wenn Carson Aufträge an Künstler ve ibt, bevorzugt er eine naive Richtung. Engagiert er professionelle Illustratoren und Fotografen, motiviert er sie, sich Konventionen zu befreien und ihrer Gestaltungsfreude f zu lassen. Dadurch konfrontiert er sie mit der F nes Systems, das sich von traditionellen Regeln, die die G ltung beeinträchtigen, befreit.

ren weder Werk
der letzte bis vier
schi terview
r Arbeitswe
und Inter
er Arbeit
um selbst für
er die Teiln
ine Prinzi
rg

von
freien Lau
reiheit sei
esta

bob carson. grants pass oregon. 1995

Mit seinen faszinierenden Designexperimenten begeistert Carson sein Publikum. Wenn es um Erfindungsgabe, Förderung anderer, Auftreten bei Workshops und Äußerungen geht, kann man David Carsons künstlerischen Ansatz als expressiv bezeichnen, wenn man unbedingt eine Etikettierung suchT. seine Arbeitsweise verfügt über emotionale, nicht-figurative, nicht-verbale Kräfte, die einen Klassifizierungsversuch so irreführend wie nützlich erscheinen lasseN. carson bewundert die amerikanischen Maler Mark Rothko und Franz Kline, die beide zu den bemerkenswerten Protagonisten des abstrakten Expressionismus in Amerika zähleN. doch gleichzeitig zieht er viel Inspiration aus einem konträren Feld: der „street imagery", und auch hier wird er nicht aufgrund der populären Einflüsse der Straße gleich zum Musiker oder zum Dokumentaristen. die Bezeichnung expressionistisch sollte deshalb nur ersatzweise verwendet werdeN. [übrigens wurde dieses Label zu oft bei Stilrichtungen in der Kunst des 20. Jahrhunderts angewendet.]

¶Der Schwebezustand, der Carsons Stil anhaftet, und das Fehlen einer griffigen Hintergrundstheorie fördern zwar den Nymbus, verhindern aber auch gleichzeitig eine rationale Legitimation. Das bewußte Vermeiden einer Einordnungsmöglichkeit kann als Stärke empfunden werden – das Fehlen jeglichen theoretischen Ansatzes als Schwäche. durch das unkonventionelle Erscheinungsbild interpretieren viele seine Kunst **als irrationalen Gimmick oder als zeitgeistiges Modeprodukt. Eingefleischte Kritiker beharren gerne auf diesem negativen Standpunkt. So auch die Patriarchen dieser Branche. Im Gegensatz dazu zeigen die jüngere Generation der professionellen Grafikdesigner und die Leser der populären Zeitschriften keinerlei Berührungsängste. Die häufigsten Reaktionen darauf sind: Freude, Schock und Faszination. Dennoch mußte Carson jahrelang in der Annonymität arbeiten, bis er Anerkennung fand und mit Designpreisen überschüttet wurde.** Doch der Auflagenerfolg von Ray Gun und populäre Anzeigenkampagnen wie das diesjährige Budweiser Super Bowl Commercial signalisieren den Durchbruch seines Stils als massenkommunikationsfähig. Damit verläßt sein Werk die Subkultur **und verkörpert die Spitze einer neuen Medienkultur.**¶Es stellt sich die Frage, ob Carsons Ideen Einfluß auf die Entwicklung der Massenmedien haben, vorausgesetzt, man sieht sie jenseits der stilistischen Äußerlichkeiten. Konzentriert man sich mehr auf die Mittel und die dahinterliegenden Ideen, so läßt sich in seinen Arbeiten die Tendenz ablesen, daß er ein komplexeres und spontaneres Wechselverhältnis zu den Medien aufzubauen versucht. Spontaneität und Komplexität behindern sich in der Regel, wenn es um gezielte Kommunikationsprozesse geht. Doch Carson hat die Beziehung der Widersprüche zum Hauptthema seiner grafischen Botschaft machen können.¶Wir haben als Leitfaden Beispiele seines Schaffens zusammengestellt, die objektiv gesehen nur einen Bruchteil seiner Kreativität zeigen. Doch lassen sich zwei Dinge ablesen: Erstens geben die Arbeiten das Entwicklungsprinzip des Œuvre wider: in einer Zeitspanne von den späten achtziger Jahren bis heute. Zweitens entsteht ein realistisches Künstlerporträt im Spiegel seines Schaffens. Die visuellen Koordinaten sind festgelegt, lassen aber viel Spielraum für eine

[eigene Interpretation.

Abgesehen von Ray Gun haben Carsons bisherige Zeitschriften keine Großauflagen erzielen können.

(inter) active

^Hardees tv commercial, 1994.
Director DC

TV Guide tv commercial,^ 1994.
Director DC

Carsons frühe Layouts für Nischenblätter wie Transworld Skateboarding, Surfer und Beach Culture sind Schätze, die gerade wiederentdeckt [und als Vorlagen kopiert] werden. Seine Werbespots und Anzeigenkampagnen für amerikanische Großunternehmen haben inzwischen ein Millionenpublikum gefunden.

Dieses Buch dokumentiert zum ersten Mal alle konträren Schaffensphasen. Ausgangsimpuls war eine Äußerung des Grafikers Neville Brody. In einem Zwiegespräch Carson/Brody [Creative Review, Mai 1994] bezeichnete Brody Carsons Schaffen als "the end of print"– eine endzeitliche Gratwanderung des Mediums.

Carsons Arbeitsstil als Endzeitphänomen zu bezeichnen, wirft faszinierende Fragen auf, auf die es bislang kaum Antworten gibt. [Die Titelthese "the end of print" ist mehr eine rhetorische Frage als eine definitive Antwort auf die Zukunft des Mediums]. Auf diese Thematik geht auch das mit Carson in Venedig geführte Interview ein, das in dieser Publikation ungekürzt wiedergegeben wird.

Wer Klarheit will, kann sich auf eine Fragestellung konzentrieren und klassisch fragen: "Gibt es hinter dem Werk eine übergeordnete, eine durchgängige Struktur?"

WORIN LIEGT DER UNTERSCHIED?

Meine Antwort schwingt durch das Buch, kann aber auch hier und jetzt vorab gegeben werden.

Sie lautet: "ja".

Dennoch sollte man nicht erwarten, daß in diesem Buch alles katalogmäßig aufgeführt und abgehakt wird.

craig allen

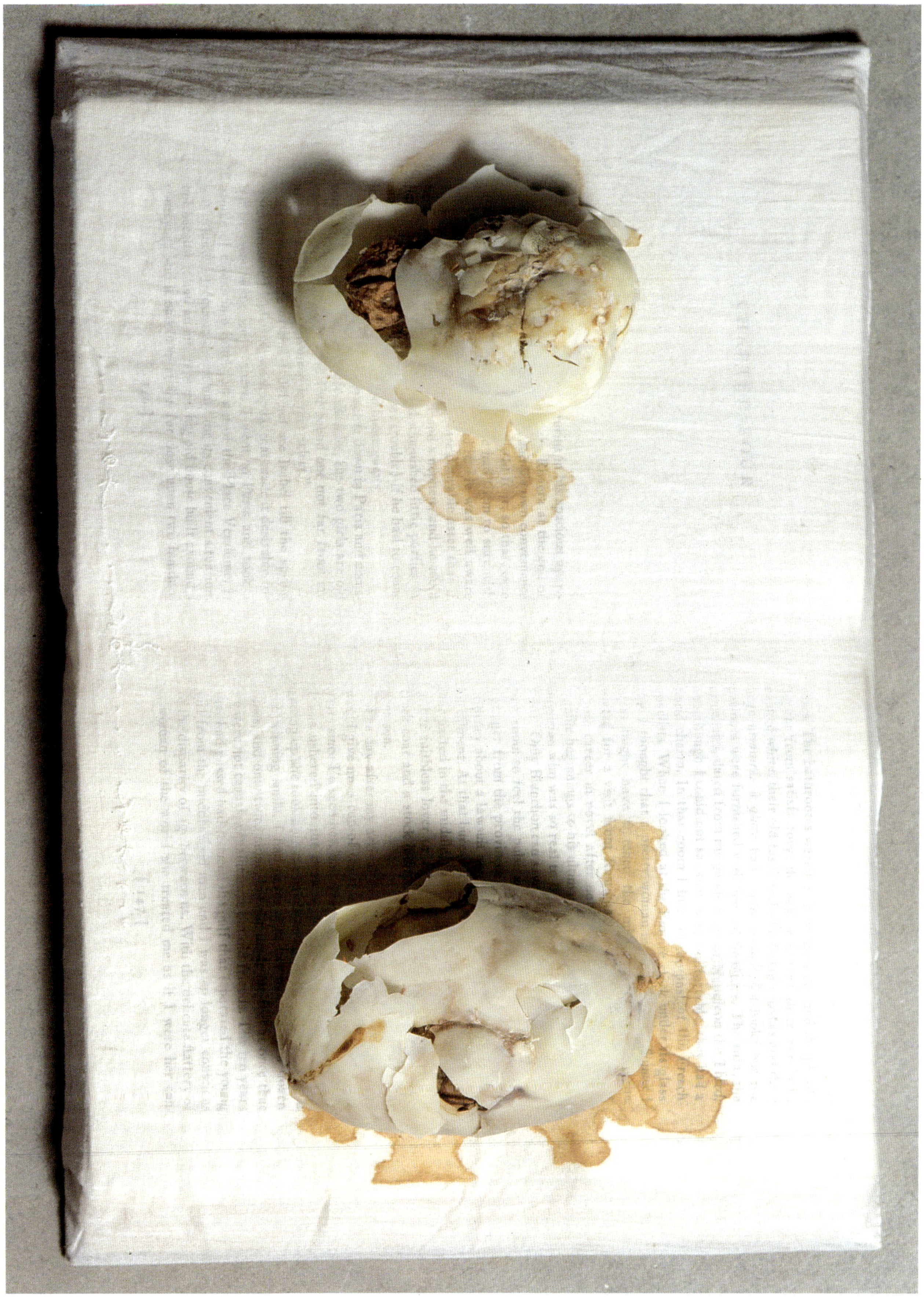

Es gibt eine essentielle Verbindung zwischen Form und Materie wie zwischen dem menschlichen Geist und seinem Körper. Druckwerke sind das materielle Ebenbild des abstrakten Reiches der Gedanken. Halte ich ein Buch in den Händen, realisiere ich sein Gewicht, seine Größe, seine Oberfläche und seine Solidität. Das Papier wird zur Haut, die Druckfarbe zur Verkörperung der Gedanken. Eine Erfahrung des Geistes wird zur Erfahrung des Körpers. Das bringt auch Fragilität mit sich: Gedrucktes ist vergänglich. Wie der menschliche Körper unterliegt es einem Lebenszyklus und ist sterblich. Das Ende des Gedruckten The end of print *bedeutet Abschied vom Reich des Sinnlichen und Materialorientierten, das Ende eines körperlichen Vergnügens.*

the end of print(illustration + text) VON REBECCA MENDEZ 1995

Der Bruch mit gewohnten Normen vollzicht sich keineswegs linear und mit einem von vorneherein festgelegten Stilvokabular. Noch geht Carson jedesmal gleich vor. Der Künstler läßt sich immer neu auf seine Aufgabe ein. Wenn er bei der Gestaltung von Beach Culture und Ray Gun erkennbare Raster meidet, dann verwirft er keineswegs jede Form der Ordnung. Auch die Freeform seines Designs wird nicht zur absoluten Regel. Entsteht ein Muster, wird es genauso frei wieder aufgelöst. [so bei der Seitengestaltung des Fotobuchs Cyclops von Albert Watson. Dort plaziert er die Fotos geradezu klassisch, setzt aber gleichzeitig seine Typografie dagegen, indem er ständig die Schriftgößen wechselt.] Es gibt weder ein System, das man weiter unterteilen könnte, noch eine reduktive Methodik, wie man sie in der Schweizer Grafik oder am Bauhaus findet. Noch folgt Carson den dekonstruktivistischen Tendenzen, die aus Cranbrook kommen, [obwohl man ihn fälschlicherweise oft mit diesem Umfeld in Verbindung bringt].

Die Abkehr von einer durchgängigen Lehre und die Weigerung, Regeln anzuerkennen, führt weder zwangsläufig zu einem geistig flachen Arbeitsergebnis noch zu einem Chaos. Im Gegenteil, es entsteht ein Klima permanenter Herausforderung, das sich ständig erneuernd seinen innovativen Weg sucht.

Was das leidige Kriterium der Lesbarkeit angeht, entspricht der Standard dieses Buches der Machart der Zeitschriften. Nicht jeder kann sich mit den typografischen Lösungen identifizieren. Aber im Gegensatz zur Standardisierungstendenz der Massenblätter experimentiert Carson mit höchst individuellen Mothodon, um Inhalto durch Stoigorung dor formalon Violfalt zu kommunizieren. Überlagerungen, spontane Entscheidungen, neue Gewichtungen von Bild und Wort sollen den Leser fesseln, Inhalte akzentuieren oder nur zum Selbstzweck eine überraschende Ästhetik erzeugen. Statt einem starren System zu folgen, kann sich ein organischer Prozess besser entwickeln. Im neuen Kontext steigert sich nicht nur die Wirkung von Bild und Text,

sondern es ist die ganzheitliche Sicht dieser Elemente, die in ihrer Kombination den Betrachter/Leser fasziniert.

Ein Charakteristikum, das Carsons Arbeit vom Mainstream unterscheidet, ist Unberechenbarkeit und Anarchie. Dieses Phänomen gehört in das Umfeld typografischer Experimente, das schon während der achtziger Jahre eine Revolution gegen die goldenen Regeln der Typografie einleitete und sich zunächst in avantgardistischen Layouts äußerte. Doch während diese Experimente fast ausschließlich im Umfeld von Hochschulen und in von Insiderkreisen beachteten Zeitschriften stattfand,

L.A. car shot. dc

entwickelt Carson seinen anarchistischen Layoutstil von Anfang an nur in Zeitschriften, die an einen breiten, an Typografie wenig interessierten Leserkreis gerichtet sind. Das unterscheidet seine Arbeitsweise von einem Typomagazin wie E m i g r e

Carsons Grafikstil ist untrennbar mit seiner Person verbunden wie beispielsweise Ende der achtziger Jahre die typografischen Bravourstücke von Neville Brody. Deshalb wohl nimmt er heute eine vergleichbare Rolle als richtungsweisende Gallionsfigur ein, wenn es um die Erweiterung der Darstellung und die Dekonstruktion eines Layouts geht. Obwohl er inzwischen eine Leitfigur darstellt, sieht er sich selbst nicht als Protagonist einer Strömung. Im Gegenteil. Es ist bemerkenswert, in welcher Abgeschiedenheit er jahrelang von

^ car Foto:dc.
chrift "manifesto" von vera
aucher +francis stebbing

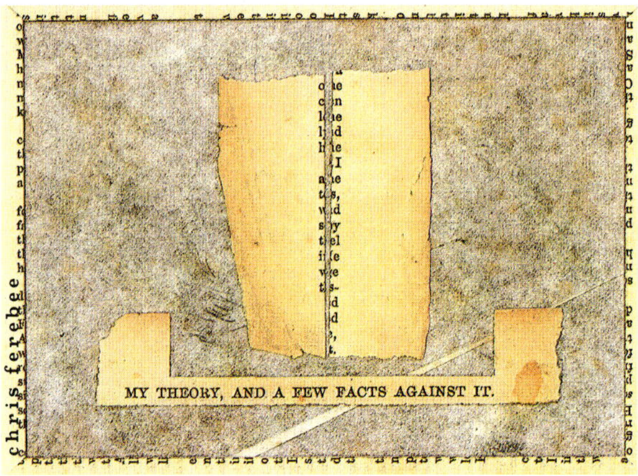

chris ferebee

seinem Beachhaus im nördlich von San Diego gelegenen Del Mar seine Handschrift erst im Alleingang entwickelte. Also eine provinzielle Situation am äußersten Rande der Vereinigten Staaten, weit entfernt von den großen Brennpunkten des internationalen Grafikgeschehens von New York und London. Carson ist ein Mensch der Telekommunikation. Zu Auftraggebern, Kongressen und Workshops reist er per Auto oder Flugzeug. Er haßt jede Art der Selbstdarstellung und überläßt *die Wirkung in der Öffentlichkeit der Aussagekraft seiner Zeitschriften, Commercials und Bücher. Seine künstlerische Entwicklung fand immer in wirtschaftlich orientierten Medien mit breiter Öffentlichkeitswirkung statt. So erreicht er mit seinen Ideen nicht nur Insiderkreise.*

Obwohl Carsons Arbeit hauptsächlich im Austausch mit der Öffentlichkeit entsteht, wird er vom Designestablishment nach wie vor kritisiert und darauf hingewiesen, daß sein Design auch „funktionieren" müsse. Doch gerade in der Fähigkeit, auf neue Weise zu kommunizieren, liegt die entscheidende Qualität seiner Arbeit.

Kodifizierte Regeln versucht Carson in seinen Zeitschriften, Werbespots und Büchern zu vermeiden. Das Publikum hat ihn inzwischen längst akzeptiert, nur die Kritiker werfen ihm nach wie vor einen Mangel an geordneten Prinzipien vor.
[worüber man geteilter Meinung sein kann]

Die Unsicherheit unserer Tage signalisiert den Endpunkt eines Ringens um Erkenntnisse. Ein wissenschaftsgläubiges Weltverständnis hat seinen alleinigen Einfluß verloren. Raumfahrt und Nukleartechnologie sind vielleicht die letzten Blüten einer kausalistischen und rationalistischen Denkweise, die mit der Renaissance eingesetzt hat.

Jetzt, wo unsere Theoriegläubigkeit Risse bekommen hat, gerät auch die Politik in eine existentielle Krise [Das Interesse für Religion mag Indiz für unsere Vertrauenskrise der Wissenschaft gegenüber sein].

Vielleicht war das nicht immer so.

Auch in den Medien spiegelt sich diese Unsicherheit wider. Wir wissen nichts Genaues über die Medienzukunft. ¿Werden wir auf globale Netzwerke gehen? ¿Werden wir Telefone am Ohr tragen? ¿Werden wir Computer wie Uhren am Handgelenk haben? Jedenfalls werden in einer interaktiven Zukunft Bücher, Zeitungen und Fernsehen zum Nebenschauplatz am Rande eines Superhighways. Die technologischen Grundlagen existieren.

foto: albert watson

Als Bewohner des globalen Dorfs müssen wir einfach nur zugreifen.

In-diesem=Kontext-fragt man sich, welche[Wertelliegen: hinter don traditionellen+über-kommenen Strukturen:des–Designs ?Raster/Regeln, Neo-Klassizistisches,dics=und[das sind=ihre-Ismen?Man]kann<$ie:einfach-akzeptieren;als*etwas,+was auf"jeden&Fall-er:hal–ten·wer,den-muß-oder man=kann!auch[nach]neuen;$Wegen*Aus+schau%halten auf der Suche nach:einer·neuen-Struktur:[einerVision]für;die=Welt.

Generell läuft das Grafikdesign auf eine Art Verpackung hinaus, ein Medium, das als nützlicher Container die Botschaft übermittelt oder schützt. Es kann aber auch neutral sein; dann ist es wie eine weiße Leinwand, die auf den Maler wartet. Hier steht die Frage nach dem Inhaltsbezug von visueller zu verbaler Sprache im Mittelpunkt. Obwohl man glaubt, mit der [verbalen] Sprache vertraut zu sein, wird sie niemals in reiner Form ohne Einfärbung durch die Übermittlung wahrgenommen. Wörter nehmen wir zuerst als Inhalte auf, dann erst als Schriftbild in der Kombination mit Abbildungen, als Live-Sendung oder auch als verfilmtes Drehbuch. Jedoch immer gerahmt oder verpackt. Das Fazit:

Auch die Vermittlung des Wortes ist in ständigem Wandel begriffen. Betonung, Kontext und die gesamte Art der Übermittlung spielen eine entscheidende Rolle. Der Weg der visuellen und verbalen Vermittlung geht weit über das Wort und über seinen Verfasser hinaus. Die Betonung der Vermittlerrolle ist vielleicht einer der Gründe, weshalb Designer heute zu Helden stilisiert werden. Ihre Rolle als Vermittler und Manipulatoren kann die Welt verändern. Obwohl sie nur als Rädchen im Getriebe eines großen, weltweit eingesetzten Kommunikationsgeschäft agieren, nehmen manche von ihnen eine Schlüsselrolle ein. Ein Blick auf die im vorliegenden Buch dokumentierte Kunst der Gestaltung legt eine Zuordnung Carsons in diese Kategorie von Alltagshelden nahe. Wenn wir seine Arbeiten in diesem Buch betrachten, fangen wir an, unsere Sehgewohnheiten zu überdenken und vieles in Frage zu stellen.

Vor Verunsicherung wird dem Autor schlecht. Dann folgt ihm der Grafikdesigner. Erst in der Interaktion entsteht die Partnerschaft, die den gewünschten Kommunikationsprozeß in Gang setzt. Ein emotionaler Funke springt über zu...[Hier bitte Namen einsetzen]

pinwand in david carsons studio mit layoutseiten für das vorliegende buch, san diego, februar 1995. foto chiharu hayashi>>

"David Carson is the Paganini of Typographers"

— so says Ed Fella, 1995

the end of print von alain pilon

z e i t s c h r i f t e n

Stellen Sie sich die im nachfolgenden Kapitel gezeigten Seiten an einem Zeitschriftenkiosk vor. Würden Sie etwas Außergewöhnliches feststellen?

Richtig. Die Seiten passen nicht. Im Vergleich zu den Textspalten, den ordentlich vermaßten Bildern, dem ausgeklügelten Verhältnis der Überschriften und Satzspalten haben Carsons Freeform-Passagen mehr Ähnlichkeit mit Malerei als mit herkömmlichem Zeitungsdesign. Verläßliche Gewohnheiten, die unsere tägliche Druckkost bestimmen, werden in Frage gestellt, fragmentiert, zum Spiel für Grafik, oder sie werden schlichtweg kommentarlos übergangen.

Seit einem Jahrzehnt attackiert Carson als anarchistischer Art Director die Konventionen des Zeitschriftendesigns. Seine Attacken haben einen gebührenden und publicityträchtigen Entrüstungssturm ausgelöst, obwohl seine Arbeit, vorwiegend bei jungen Lesern (Durchschnittsalter des Ray-Gun-Publikums ist 22 Jahre!) besonders gut ankam. Die enthusiasthischen Leserbriefe an Ray Gun lassen den Schluß zu, daß das grafische Konzept eine ganz spezielle, sehr emotionale Bindung zum Leser herstellen kann.

"Man kann nicht nichts kommunizieren" lautet das Credo des Designers, der ohne Rücksicht auf Verluste die Klaviatur des vollen Ausdruckspektrums durchspielt. Seit den frühen Ausgaben von Transworld Skateboarding bis hin zu Ray Gun steht die Des-Integration von Wort, Bild und medienspezifischem Charakter im Vordergrund. In einem ständigen Entwicklungsprozeß wandelten sich Zeichen und Farbgebung zu emotionsgeladenen Ausdrucksmitteln. Diese Stilmittel werden hauptsächlich strukturell und nur selten metaphorisch eingesetzt.

Eine Parallele zur Auffassung des amerikanischen Malers Mark Rothko drängt sich auf, der einmal sagte: "Ich bin überhaupt nicht daran interessiert, Farbe mit Form zu verbinden oder sonst etwas Ähnliches... Ich möchte ganz einfach menschliche Emotionen ausdrücken: Trauer, Erregtheit, Schicksalhaftes. Jeder soll beim Betrachten meiner Bilder genau die gleiche spirituelle Erfahrung machen wie ich, als ich sie malte... Wer nur von der Beziehung der Farben bewegt wird, der hat nichts verstanden!"
Mark Rothko
(Aus einem Gespräch mit Selden Rodman im Whitney Museum of American Art)

Der Gestaltungsprozeß erinnert auch an die Arbeitsweise des holländischen Druckpioniers Hendrik Werkman oder an das auf Kombinatorik aufbauende Werk des Dadaisten Kurt Schwitters. Während beide jedoch in Unikaten und Kleinauflagen dachten, wendet sich Carson direkt an ein Massenpublikum.

Auch in der Massenkommunikation wird nach langer Zeit die Lektion der modernen Kunst und ihr Bruch mit dem Realismus verstanden. Tatsächlich klingen in Carsons Arbeit Ideen aus der bildenden Kunst an, aber er macht aus diesem Zusammenhang kein Programm. Gäbe es direkte Bezüge, würde er sie verwerfen. Folgt man seiner These, daß man nicht nicht kommunizieren kann, so sollte man sich auch nicht außerhalb aller Dinge etablieren. Hinzu kommt, daß es über die Digitalisierung möglich ist, Text und Bild auf eine Ebene zu bringen. So kann der Designer über beide Pole gleichzeitig verfügen und hat die Chance, eine visuelle Kultur neu zu definieren.

Daß ein Zeitschriftenkiosk nicht von solch radikalen, alles in Frage stellenden und sich ständig wandelnden Magazinen überflutet ist, könnte man auf die konservative und vorsichtige Haltung der Verleger zurückführen. Die Zeitschriften, die Carson bisher gestaltet hat, bedienten Subkulturen. Immer problematisch, selbst in diesem Umfeld, war das Verhältnis zu den Anzeigenkunden, was das schnelle Ableben von Beach Culture nach nur sechs immer dünner werdenden Ausgaben beweist. Gerade die für das Überleben einer Zeitschrift wichtigen Anzeigenkunden gehören zu den eher konservativ eingestellten Kräften, die das Radikale moderner Layouts und alles Experimentelle mehr stört als begeistert. Auch Ray Gun hatte in seinen Anfängen trotz hoher Verkaufsauflagen am Kiosk und seines Erfolgs als richtungsweisende Avantgardezeitschrift Probleme mit diesem Auftraggeberkreis, weil Heft für Heft Unvorhergesehenes stattfinden kann. Doch ausgerechnet diese unberechenbare Qualität scheint in der letzten Zeit die großen Werbeagenturen aus New York zu interessieren.

Bei der Produktion seiner Zeitschriften hat sich Carson eine ganz besondere Position geschaffen. Er ist verantwortlicher Art Director und Redakteur in einer Person. Die in diesem Gewerbe einmalige Kompetenz gibt ihm eine uneingeschränkte gestalterische Freiheit und gleichzeitig die einmalige Möglichkeit, in einer Allianz aus Kunst und Typografie seinen kompromißlosen Stil durchzusetzen.

Weil Carson so ziemlich alle grafischen Benimmregeln gebrochen und als Art Director schon fast alle Todsünden begangen hat, vermittelt sein Stil im Mittelmaßland Amerika ein seltenes Erlebnis: die ungeschönte Konsequenz der Grenzenlosigkeit. „Mein Stil hat natürlich auch eine menschliche Seite", beschwichtigt der Künstler, „denn er fordert Interaktion. Man braucht Zeit, um die Dinge und die Botschaft zu entziffern. Ich hasse die Raster der US-Magazine, die alles verschlingen und letztlich nur Bequemlichkeit verkörpern". Folgerichtig und konsequent nimmt er für brutale Themen eine eiserne Schrift und für sanfte Sujets lyrische Kompositionen. Punk und Collagen suggerieren eine an den Surrealisten Max Ernst erinnernde Welt aus Symbolen und Realitätsfetzen. Mal kopiert Carson mehrere Texte übereinander, mal läßt er die Inhalte durch bewußt eingesetzte Fragmentierung nur erahnen. Mal schneidet er eine Schrift mitten im Wort ab oder druckt, ganz frei, Artikel ähnlichen Inhalts parallel zueinander. Durch solche radikalen Provokationen im Zeitschriftendesign sorgt er immer wieder für Überraschungen.

tws
beach culture
surfer
ray gun

oben: cover, art direction magazine, 1993, dc.
rechts: foto doug aitken

Entwürfe von David Carson für verschiedene amerikanische Zeitschriftentitel

Transworld Skateboarding 1983–7

1982 mußte Carson einen Job als Lehrer an der Highschool annehmen, weil ein Zeitschriftenverleger, für den er arbeitete, in Schwierigkeiten geraten war. Kurze Zeit später wurde ihm die Umgestaltung einer monatlich erscheinenden Zeitschrift für Skateboarder angeboten. Neben der Lehrtätigkeit entwarf er abends und am Wochenende jeweils über 200 Seiten. Beiträge und Abbildungen kamen dabei weitgehend aus dem Kreis der Leser – eine große Herausforderung, die Carson in die Lage versetzte, sich direkt mit den Ideen und dem informellen Material, das jeden Monat auf seinen Tisch kam, auseinanderzusetzen. In diesen Jahren entwickelte er einen interpretativen Arbeitsstil, indem er sich von jeglichem formalen Zwang herkömmlicher Layoutgestaltung befreite.

S

K

THE END OF PRINT [andre thijssen

< Skateboarding in the deep south, Aufmacherseite, 1985

oben l] Experimente mit Farbfolien
Foto J. G. Brittain

oben r] Anzeige für TWS, 1986. Foto J. Grant Brittain. Folientechnik

unten l] Abonnementsanzeige, 1986. Fotokopierte Schrift aus einem Bauhaus-Buch

unten r] Fast wheels-Anzeige für Rollen, 1987. Verwendung von Fotos, die Highschoolstudenten als Studienarbeiten entwickelt haben, die Schnecke fungiert als Kontrast zur Schnelligkeit der Wheels.

Foto-Essay 1986.
Experimente mit Seitenzahlen.
Fotos l nach r] Zemnick,
Temmermand, J. Grant Brittain

Ohio, 1987.
Die Bildlegenden
fungieren als
Gestaltungselement
Fotos Swank

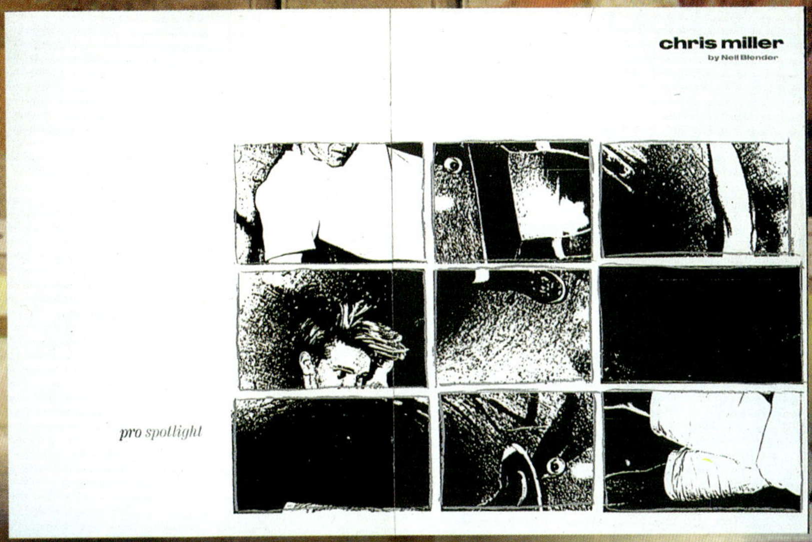

Chris Miller, Porträt, 1986.
Foto J. Grant Brittain.
Carson benutzt ein zerschnittenes Bild, um eine neue Komposition zu erhalten. Diese Technik lernte Carson in einem Workshop über den Schweizer Grafiker Hans-Rudolf Lutz kennen. Die einzelnen Partien des Fotos werden verdreht, neu zusammengesetzt und erinnern an den Stil von William Burroughs.

Cover 1987.
Dieses Schriftbild ist entstanden aus einer Reihe übereinandergelegter Schriftfilme. Das Kompositionsprinzip - hier noch konventionell erzeugt - nimmt bereits die später auf dem Computer generierten Schriftcollagen vorweg.
Foto J. Grant Brittain

Foto-Essay, 1986.
Experimente mit Seitenzahlen.
Fotos [l nach r] Zemnick,
Temmermand, J. Grant Brittain

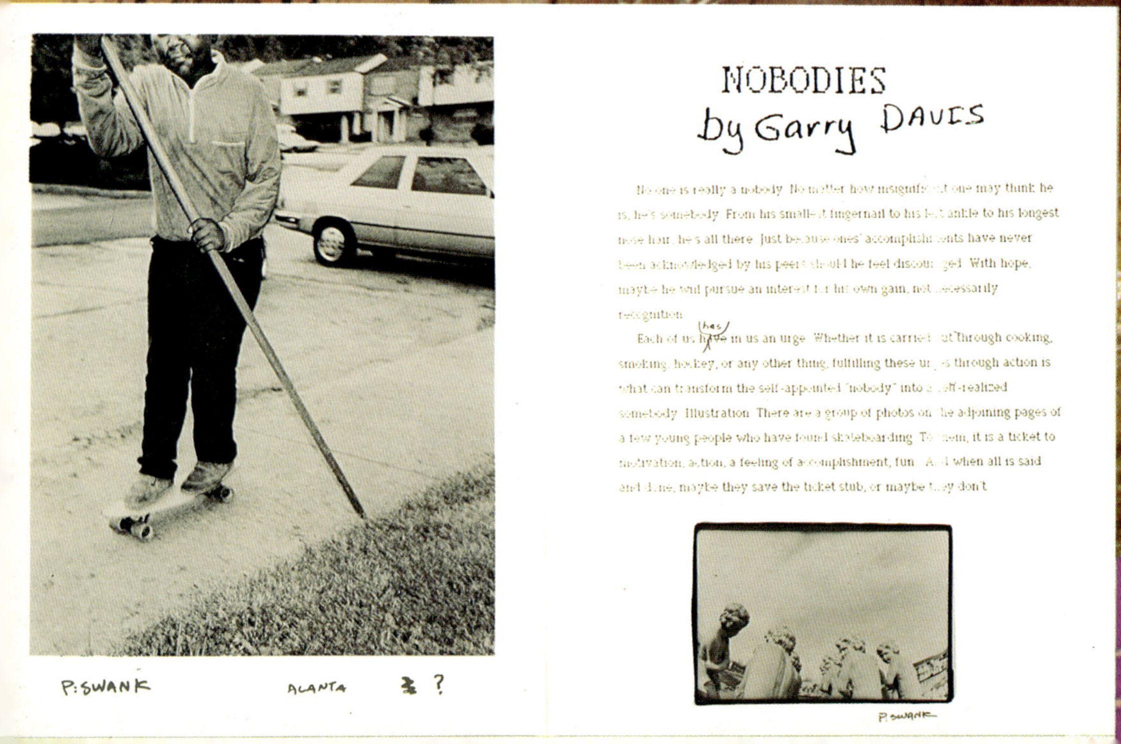

NOBODIES
by Garry DAVIS

No one is really a nobody. No matter how insignificant one may think he is, he's somebody. From his smallest fingernail to his left ankle to his longest nose hair, he's all there. Just because ones' accomplishments have never been acknowledged by his peers should he feel discouraged. With hope, maybe he will pursue an interest for his own gain, not necessarily recognition.

Each of us has in us an urge. Whether it is carried out through cooking, smoking, hockey, or any other thing, fulfilling these urges through action is what can transform the self-appointed "nobody" into a self-realized somebody. Illustration: There are a group of photos on the adjoining pages of a few young people who have found skateboarding. To them, it is a ticket to motivation, action, a feeling of accomplishment, fun. And when all is said and done, maybe they save the ticket stub, or maybe they don't.

oben] Titelbild, 1987. SW-Abbildung, Vierfarbdruck ohne Inhaltsverzeichnis. Foto J. Grant Brittain

Mitte] Kevin Staab, Porträt, 1985. Grafik mit Schatten von Skateboarder. Foto J. Grant Brittain

unten] Artikel über No-Name-Skateboarder, 1986. Carson zeigte die Fotos ohne Köpfe. Die Fragezeichen des Fotografen und Textkorrekturen des Redakteurs setzt er als Stilmittel ein. Foto Todd Swank

rechts] Inhaltsangabe, 1987. In seinen Inhaltsangaben setzt David Carson Schrift und Bilder in dem für ihn charakteristischen Freestyle ein.

Content

April 1987

Number 2

Volume 5

Contents

Mike McGill has developed the ollie to its near-maximum stage. A home-state (Florida) sidekick (Gelfand) move launched in fine form at the Perfect Ramp in Mesa Arizona. Photo: Grant Brittain

FEATURES

DEPARTMENTS

Cover
Chris Cook drifting along a temporary wall during a streetstyle event in Tempe, Arizona. Photo: Tod Swank

Hintergrundbild Shawn Wolfe

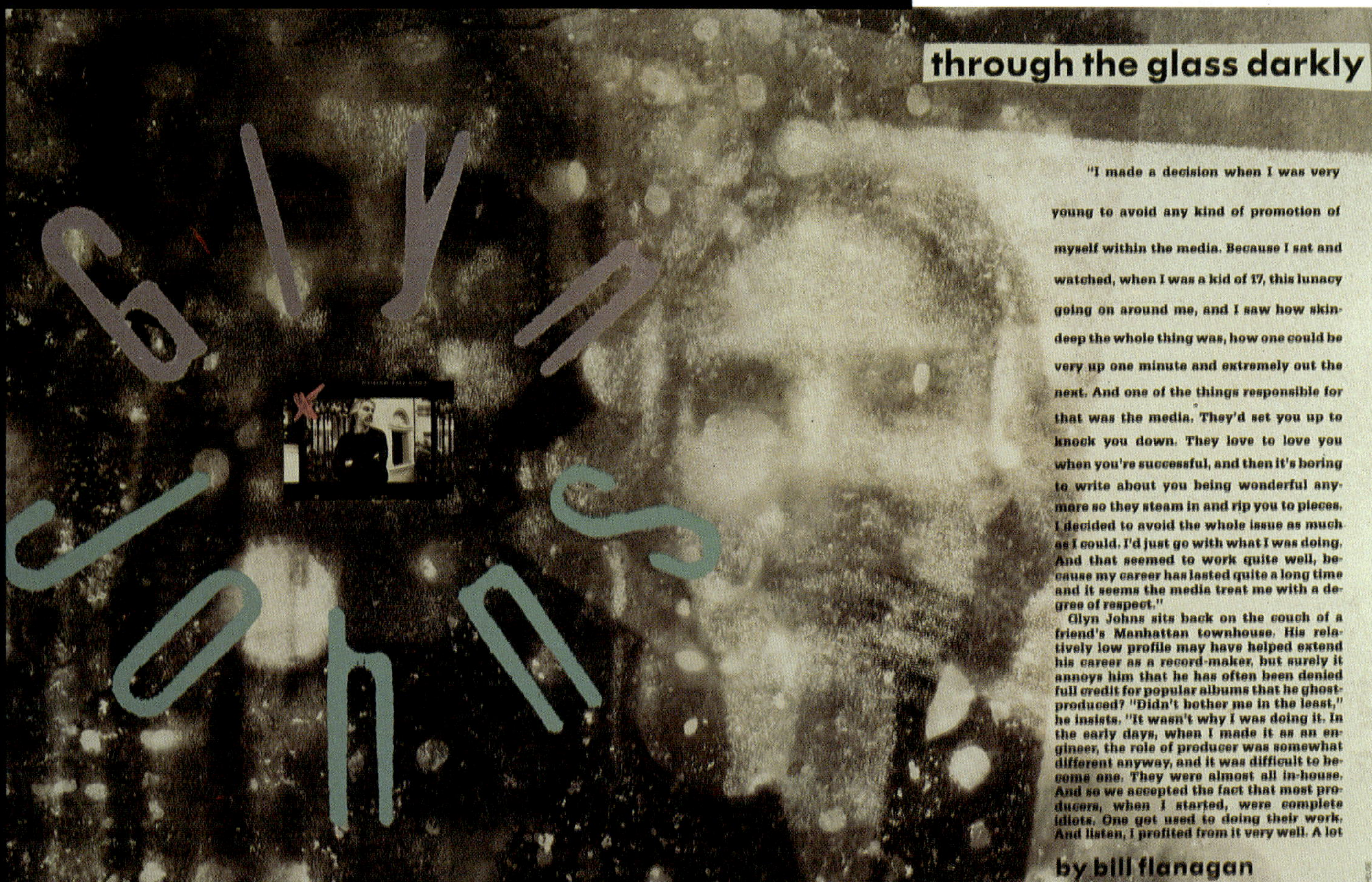
through the glass darkly

Glyn Johns

"I made a decision when I was very young to avoid any kind of promotion of myself within the media. Because I sat and watched, when I was a kid of 17, this lunacy going on around me, and I saw how skin-deep the whole thing was, how one could be very up one minute and extremely out the next. And one of the things responsible for that was the media. They'd set you up to knock you down. They love to love you when you're successful, and then it's boring to write about you being wonderful anymore so they steam in and rip you to pieces. I decided to avoid the whole issue as much as I could. I'd just go with what I was doing. And that seemed to work quite well, because my career has lasted quite a long time and it seems the media treat me with a degree of respect."

Glyn Johns sits back on the couch of a friend's Manhattan townhouse. His relatively low profile may have helped extend his career as a record-maker, but surely it annoys him that he has often been denied full credit for popular albums that he ghost-produced? "Didn't bother me in the least," he insists. "It wasn't why I was doing it. In the early days, when I made it as an engineer, the role of producer was somewhat different anyway, and it was difficult to become one. They were almost all in-house. And so we accepted the fact that most producers, when I started, were complete idiots. One got used to doing their work. And listen, I profited from it very well. A lot

by bill flanagan

Glyn Johns, 1988.
Musiker-Porträt über einen Produzenten, der mit Gruppen wie den Rolling Stones erfolgreich gearbeitet hat. Der Mann im Hintergrund wird durch ein vergilbtes altes Foto charakterisiert.

Transworld Snowboarding, 1987.
Carson hatte die Umgestaltung der ersten drei Ausgaben des Snowboardmagazins übernommen und entschied sich dabei für einen reduzierten, sich auf das Wesentliche konzentrierten Stil.

24
DRUG
Est 1895
JADE MOUNTAIN
$19.9
abcdefgh
ijkl
mnopqrs
tuvwxyz
N
GRAND
12345
6789
MARCELLUS HALL 1-95

Beach Culture 1989–91

Für einige der Beteiligten war dieses Projekt ein Alptraum. Jedoch objektiv gesehen kann Beach Culture als eine der innovativsten Zeitschriften aller Zeiten eingestuft werden. Ganz abgesehen von über 150 Grafikpreisen, die Carson für seine Gestaltung inzwischen erhalten hat. Die radikal expressive Darstellung der Themen fand nur wenige, dafür aber umso fanatischere Anhänger und verunsicherte besonders die Inserenten. Carson sollte ursprünglich als Art Director freiberuflich die jährlich erscheinende Ausgabe für Surfer Style gestalten, die nicht viel mehr als ein aus Modeanzeigen und PR-Texten bestehender Shopping-Katalog war. Doch Editor Neil Feineman und David Carson wollten etwas Ambitionierteres: Als Erstes änderten sie Namen, Inhalt und Erscheinungsweise. So entstand Beach Culture in einem Klima einer sich bereits abzeichnender wirtschaftlichen Rezession mit verlegerischem Goodwill. Doch die Hefte wurden von Ausgabe zu Ausgabe dünner. Sechs Ausgaben dümpelten über zwei Jahre dahin, ehe die Zeitschrift endgültig eingestellt wurde. Feineman verstand die Surferszene als eine Metapher ohne Bezug auf eine bestimmte Zielgruppe. So entstand eine einmalige Mischung aus anspruchsvollen Texten und exzentrischen Layouts. Das wiederum inspirierte Carson, seine eigenen Vorstellungen von Kommunikation auf einem Niveau zu realisieren, was die Leserschaft stark forderte. Aber diese Gradwanderung zwischen avantgardistischem Experiment und einem auf traditionelle Leser und Anzeigenkunden bedachten Weg scheiterte. "Ich war so fertig. Ich konnte nicht einmal mehr ein Auto lenken," sagt Carson. "Ich nahm den Zug zum Beach Culture-Büro und mußte noch eine halbe Stunde zu Fuß gehen."

Cover der sechsten und letzten Ausgabe, 1991. Foto Matt Mahurin

Harry Connick jr, Porträt, 1990.
Das Klebeband sollte ursprünglich den Ausschnitt des Porträtfotos markieren, doch entdeckte Carson in ihm einen strukturellen Eingriff, den er sichtbar machen wollte.

Inhaltsangabe, 1990 „Herbst". Der erzwungene Blocksatz erzeugt eine dekorative typografische Struktur. Foto Ron Romanosky

Lyle Lovett/Sinead O'Connor Reportage, 1990.
[nach einem Polaroid von Alan Messer]
Lovett steht auf seiner Positionsmarkierung: "Meinem Gefühl nach zeigt diese Einstellung mehr über Lyle Lovett als eine Aufnahme mit Gesicht und Gitarre… Boots und Hosenaufschlag sagen doch alles."

lyle lovett photo by al an messer

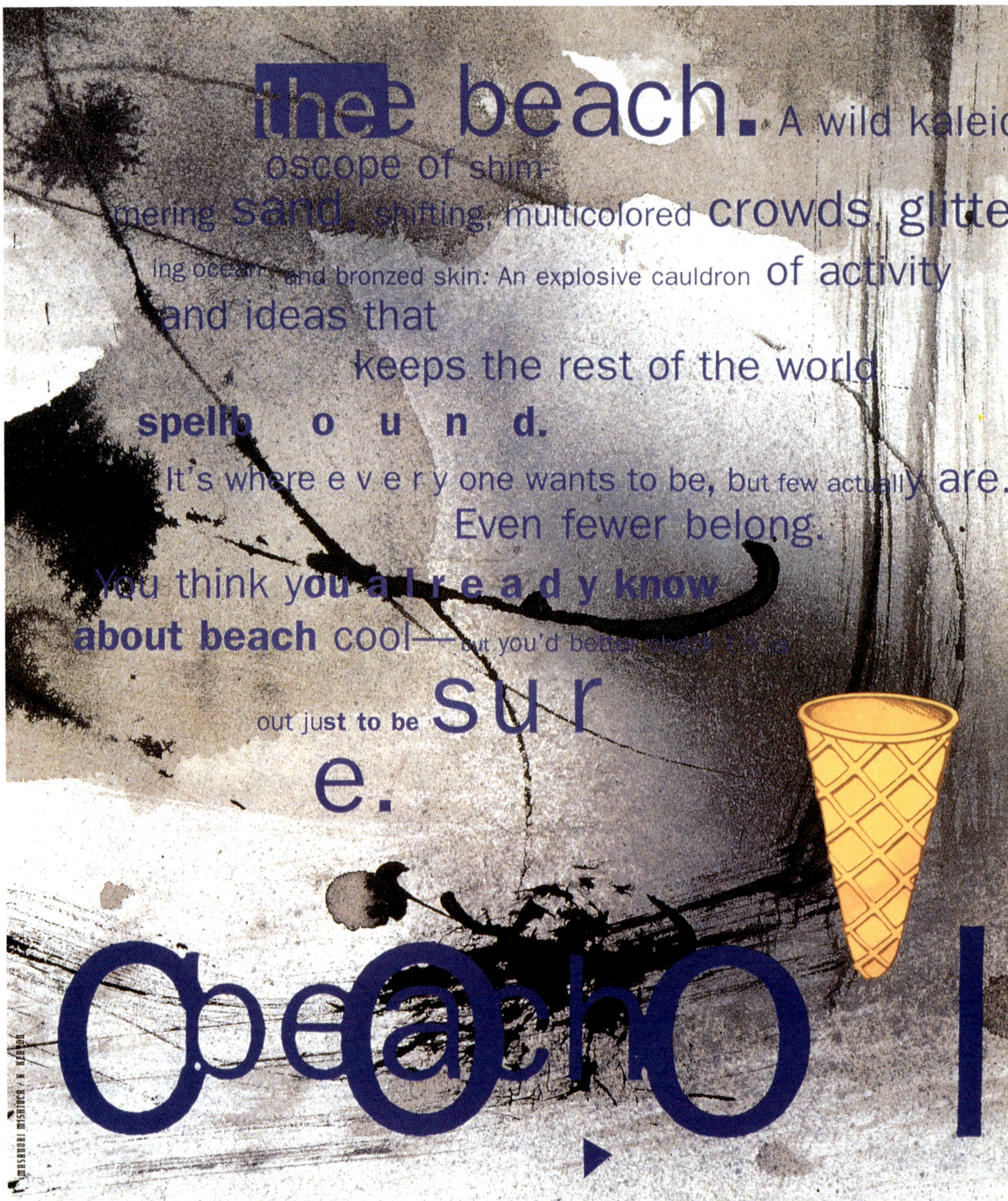
the beach. A wild kaleid
oscope of shim-
mering sand, shifting, multicolored crowds, glitter
ing ocean and bronzed skin: An explosive cauldron of activity
and ideas that
keeps the rest of the world
spellbound.
It's where everyone wants to be, but few actually are.
Even fewer belong.
You think you already know
about beach cool— but you'd better check this
out just to be sur
e.
MASANORI NISHIOKA

Bodysurfing in Newport Beach, Kalifornien, Reportage, 1991.

Einsatz einfacher Typografie in ausdrucksstarker Anordnung, vgl. das „e" in „wedge", das sich in „people" wiederholt.

Foto Ron Romanosky

< Beach Cool, 1990. Verwendung eines Hintergrunds von Masanori Mishiola/K. Kenyon

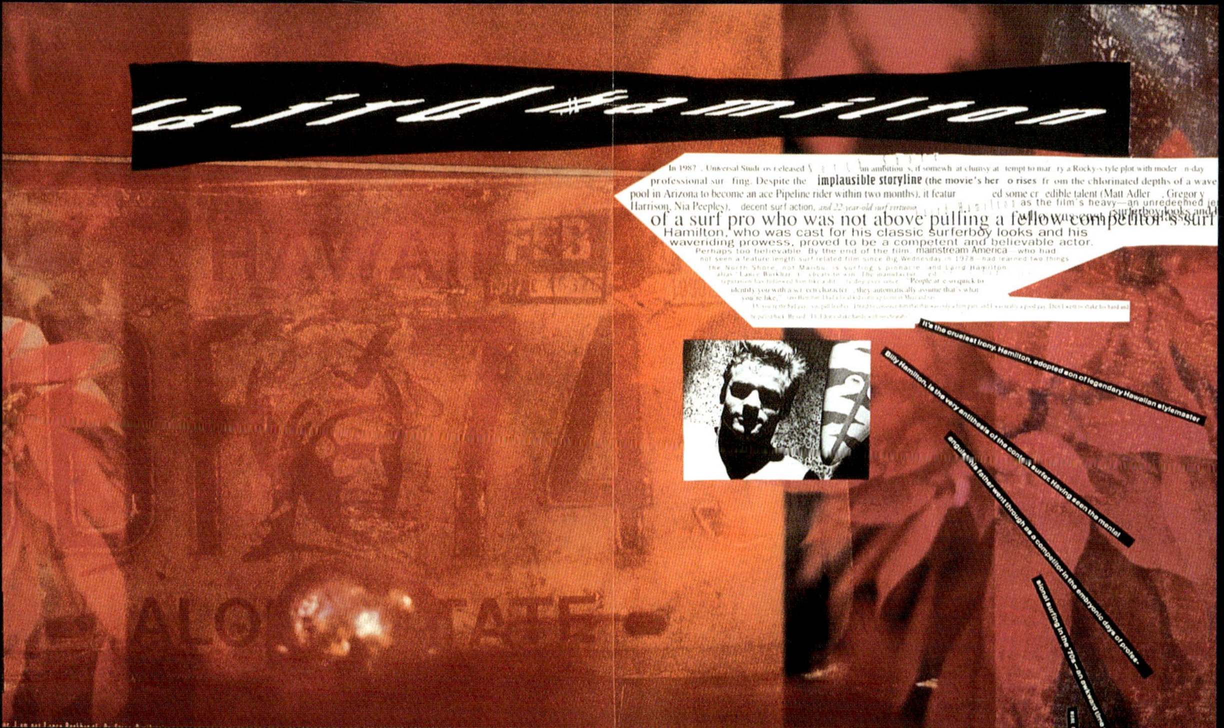

Laird Hamilton, Porträt, 1990.

Hawaiianische Blumen und Nummernschild bilden den Hintergrund. Ein Kopierer-~~fehler~~ führte zur schrägen Typografie. ~~Herkömmliche~~ Collage

Fotos Art Brewer, Jeff Girard

Bob mould

Bob [Mould], co–founder of the legendary Minneapolis group Hüsker Du, talked to us about his life and his second solo album, *Black Sheets of Rain*, from his new apartment in New York, New York. We thought the move itself was a good place to begin: [B.C.]: Why did you move from Minnesota to New York? [Mould]: I wanted to close the book on my past. After the *Workbook* album, I went through a very strange period of upheaval in my life and changed not just musical directions but, as it turned out, a lot of friends too. While I liked Minneapolis' small–town feeling and lack of competition, I'm 29, and I'd lived there for 11 years and felt hemmed in. I didn't feel I could move beyond Hüsker Du or the resulting expectations people had of me there, so I had to leave. [B.C.]: How do you like Manhattan so far? [Mould]: I like it because it only cares about what you're doing now, not about what you've done. It's competitive and anonymous,

MORE IN BACK

ORIGINAL SPECIES

B kovich

< Bob Mould,
Reportage, 1990.

John Doe,
Reportage, 1990
>

jo hn d o e

Meet John Doe. It's not just the name of a new album, but a great excuse to drive into Hollywood on a day hot enough to melt even a meter maid.

Though the city is literally in flames, John Doe turns out to be the picture of cool. Maybe it's the metal bracelets on his arm; the idea that once the interview is over, he'll be on the highway, heading for the remote ranch several hours north of the city that he now calls home; or the air-conditioning. In any event, he's ready to do the day's version of the Hollywood shuffle.

Although a Los Angeles reporter recently took issue with Doe's pursuit of what the journalist called a "conventional solo career," it turns out that commercial success was a goal of X from the beginning. "Even though people don't associate X with that, it was always important to all of us to be successful," he says. "We always made the best records, gave the best performances and struck the best business deals we could. The only thing we didn't do was make inane music and bend over backwards in terms of making c o n c e s s i o n s . "

Surprisingly, Doe recalls that back in the late seventies, he, [illegible] and fellow punkers like Top Jimmy would sit around at night "talking about making a lot of money and getting the fuck out of L.A. We knew money would give us the freedom to do things we wanted, like living in the country. We didn't see anything wrong with providing a service and getting paid what we deserved for that."

Although they themselves ultimately didn't make lots of money from X, the band was successful. "We sold 150,000 copies an album and stood for the right things. We had good ideals. Those don't change unless you're tempted and make concessions a little at a time.

oƒeverything, butits effectdependsent irely uponourcom- pliance. Todepart fromthecollec- tivemindistoenter aninteresting con- flict.

Skateboarding has for decades- survivedthescour- geof p u b l i c d i staste. More- thananalternati v e, itseemssubver- sivetothestability ourcultureaspires to. Seemsisitselfa subversiveword. Skateboarding-

merce, o f con- sumer conven- ience. A sindividu- almembers, ourimmediateexpe r i e n c e i s t h e p a v e d legacyofourancestry. Andtheresourceswe i

was created as a new approach to a common e n v i r o n m e n t. T h r o u g h i t s o w n evolution, newercustom arenas were both de-

Hintergrund:
Original Species,
1989. Fotos
Miki Vuckovich

Face, Reportage, 1990.
Experiment mit Körnungsfilter.
Foto Art Brewer

Reisebericht über Texas, 1991.
Regentag durch VW-Busfenster.
Foto Pat Blashill

Reportage über Erderwärmung, 1990. Illustration Lane Smith

Blinde Surfer, Reportage 1991. Bericht über Surfunterricht für Blinde: Die Aufmacherseite kündigt, willkürlich vorgezogen, einen im hinteren Teil des Heftes beginnenden Beitrag an.

M. Arisman

Bildhauerporträt, 1991.
Spiel mit starken Kontrasten

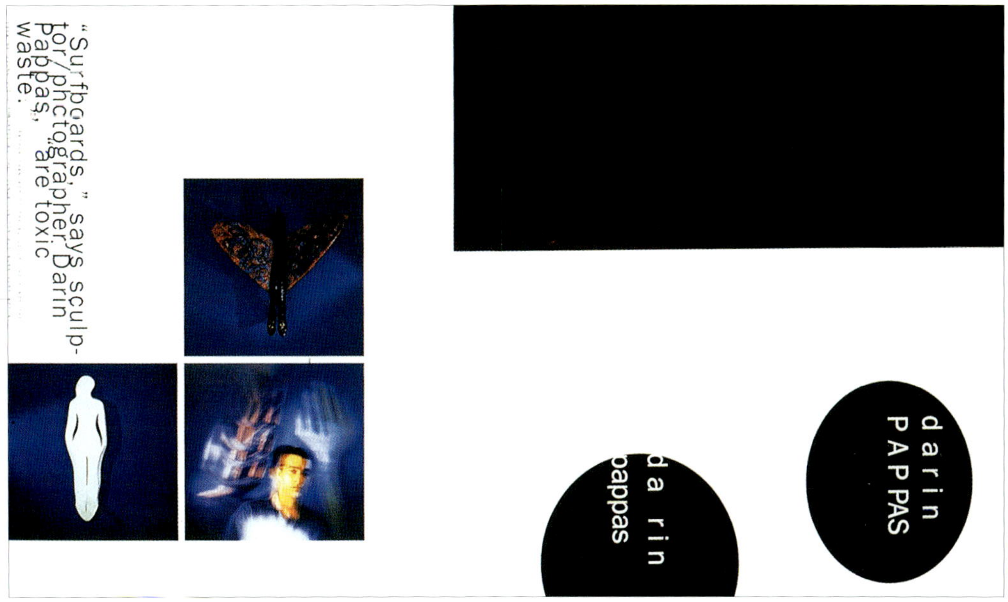

Dad, 1991.
Fotosequenz von Art Brewer

Russisches Ballet, Reportage. In der Gegenüberstellung:
Public Enemy Rap Konzert, 1991.
Foto Steve Sherman

Bademode, 1990.
Traditionelle Collage.
Foto Art Brewer

Graceland Tour, Reportage,
1991. Fotomotiv: Jetstream,
Trailer von Alan Lebudde

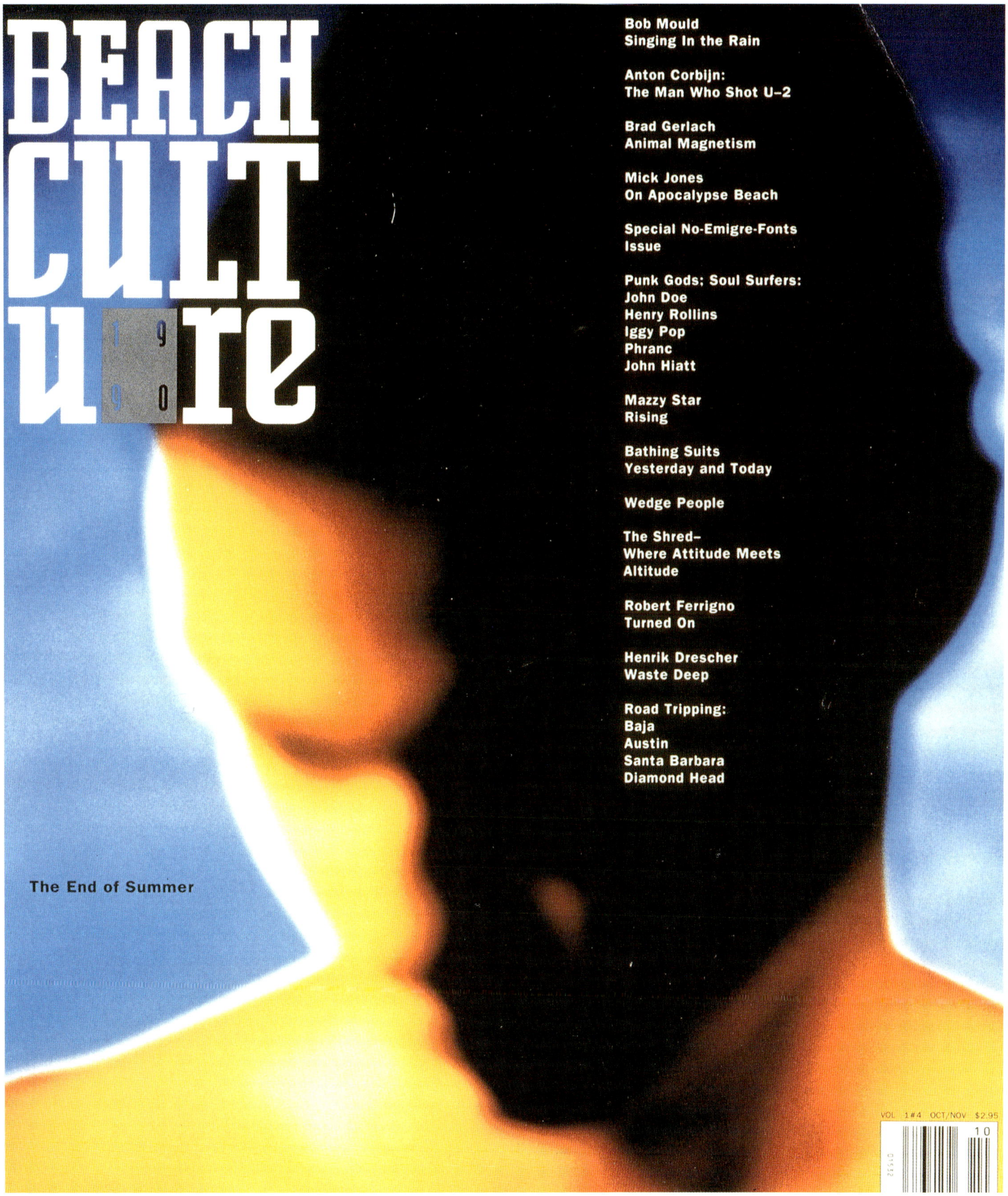

Cover der vierten Ausgabe, 1990. Foto Anton Corbijn [frühes Farbexperiment]

Tony Hawk, Reportage über den Weltklasse-Skateboarder, 1990. Dem großen „O“ stehen Illustratorennachweis Hayes Henderson und Autorenzeile in Form eines Kreuzes gegenüber. Im Hintergrund entsteht ein Beach Culture-Layout. Foto Art Brewer

< THE

END OF PRIN

[gary baseman

Eugene, Oregon, 1992.
Foto DC

gegenüber]
Leerstehendes Geschäft,
Neuseeland, 1993

PAUSE
HERE
THEN
GO

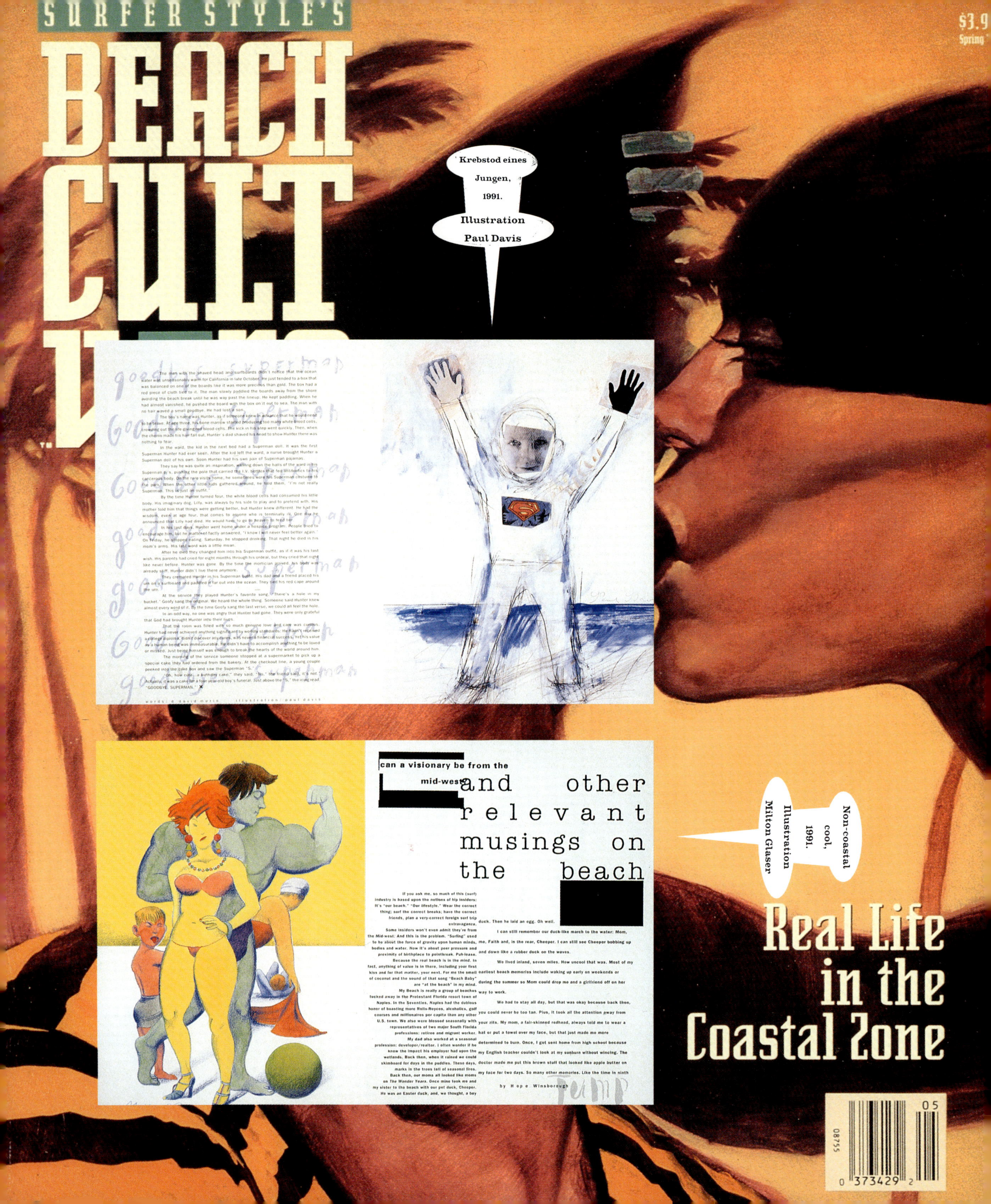

Krebstod eines Jungen, 1991. Illustration Paul Davis

The man with the shaved head and surfboards didn't notice that the ocean water was unseasonably warm for California in late October. He just tended to a box that was balanced on one of the boards like it was more precious than gold. The box had a red piece of cloth tied to it. The man slowly paddled the boards away from the shore avoiding the beach break until he was way past the lineup. He kept paddling. When he had almost vanished, he pushed the board with the box on it out to sea. The man with no hair waved a small goodbye. He had lost a son.

The boy's name was Hunter, as if someone knew in advance that he would need to be brave. At age three, his bone marrow started producing too many white blood cells, crowding out the life giving red blood cells. The kick in his step went quickly. Then, when the chemo made his hair fall out, Hunter's dad shaved his head to show Hunter there was nothing to fear.

In the ward, the kid in the next bed had a Superman doll. It was the first Superman Hunter had ever seen. After the kid left the ward, a nurse brought Hunter a Superman doll of his own. Soon Hunter had his own pair of Superman pajamas.

They say he was quite an inspiration, walking down the halls of the ward in his Superman pj's, pushing the pole that carried the I.V. bottles that fed antibiotics to his cancerous body. On the rare visits home, he sometimes wore his Superman costume to the park. When the other little kids gathered around, he told them, "I'm not really Superman. This is just an outfit."

By the time Hunter turned four, the white blood cells had consumed his little body. His imaginary dog, Lilly, was always by his side to play and to pretend with. His mother told him that things were getting better, but Hunter knew different. He had the wisdom, even at age four, that comes to anyone who is terminally ill. One day he announced that Lilly had died. He would have to go to heaven to feed her.

In his last days, Hunter went home under a hospice program. People tried to encourage him, but he matter-of-factly answered, "I know I will never feel better again." On Friday, he stopped eating. Saturday, he stopped drinking. That night he died in his mom's arms. His last word was a little mean.

After he died they changed him into his Superman outfit, as if it was his last wish. His parents had cried for eight months through his ordeal, but they cried that night like never before. Hunter was gone. By the time the mortician arrived, his body was already stiff. Hunter didn't live there anymore.

They cremated Hunter in his Superman outfit. His dad and a friend placed his urn on a surfboard and paddled it far out into the ocean. They tied his red cape around the urn.

At the service they played Hunter's favorite song, "There's a hole in my bucket." Goofy sang the original. We heard the whole thing. Someone said Hunter knew almost every word of it. By the time Goofy sang the last verse, we could all feel the hole.

In an odd way, no one was angry that Hunter had gone. They were only grateful that God had brought Hunter into their lives.

That the room was filled with so much genuine love and care was curious. Hunter had never achieved anything significant by worldly standards. He hadn't received a college diploma, didn't discover any cures, was never a financial success. Yet his value as a human being was immeasurable. He didn't have to accomplish anything to be loved or missed. Just being himself was enough to break the hearts of the world around him.

The morning of the service someone stopped at a supermarket to pick up a special cake they had ordered from the bakery. At the checkout line, a young couple peeked into the cake box and saw the Superman "S."

"Oh, how cute...a birthday cake," they said. "No," the friend said, it's not." Actually, it was a cake for a four year-old boy's funeral. Just above the "S," the icing read, "GOODBYE, SUPERMAN." ✖

words: d. david morin illustration: paul davis

Non-coastal cool, 1991. Illustration Milton Glaser

can a visionary be from the mid-west and other relevant musings on the beach

If you ask me, so much of this (surf) industry is based upon the notions of hip insiders: It's "our beach." "Our lifestyle." Wear the correct thing; surf the correct breaks; have the correct friends, plan a very-correct foreign surf trip extravaganza.

Some insiders won't even admit they're from the Mid-west: And this is the problem. "Surfing" used to be about the force of gravity upon human minds, bodies and water. Now it's about peer pressure and proximity of birthplace to pointbreak. Puh-lease.

Because the real beach is in the mind. In fact, anything of value is in there, including your first kiss and for that matter, your next. For me the smell of coconut and the sound of that song "Beach Baby" are "at the beach" in my mind.

My Beach is really a group of beaches tucked away in the Protestant Florida resort town of Naples. In the Seventies, Naples had the dubious honor of boasting more Rolls-Royces, alcoholics, golf courses and millionaires per capita than any other U.S. town. We also were blessed seasonally with representatives of two major South Florida professions: retiree and migrant worker.

My dad also worked at a seasonal profession: developer/realtor. I often wonder if he knew the impact his employer had upon the wetlands. Back then, when it rained we could skimboard for days in the puddles. These days, marks in the trees tell of seasonal fires.

Back then, our moms all looked like moms on *The Wonder Years*. Once mine took me and my sister to the beach with our pet duck, Cheeper. He was an Easter duck, and, we thought, a boy duck. Then he laid an egg. Oh well.

I can still remember our duck-like march to the water: Mom, me, Faith and, in the rear, Cheeper. I can still see Cheeper bobbing up and down like a rubber duck on the waves.

We lived inland, seven miles. How uncool that was. Most of my earliest beach memories include waking up early on weekends or during the summer so Mom could drop me and a girlfriend off on her way to work.

We had to stay all day, but that was okay because back then, you could never be too tan. Plus, it took all the attention away from your zits. My mom, a fair-skinned redhead, always told me to wear a hat or put a towel over my face, but that just made me more determined to burn. Once, I got sent home from high school because my English teacher couldn't look at my sunburn without wincing. The doctor made me put this brown stuff that looked like apple butter on my face for two days. So many other memories. Like the time in ninth

by Hope Winsborough

Billy Gould doesn't hang out at the beach More, and has been on the road for two has just moved to Ocean Beach so he
"My beach is intimate and make friends with it. They saw my ocean grow up around the lifestyle.
last January. We went surfing, and it so white you needed sunglasses to look I fell off the cliff while staring at the mount a surfboard rack on my motorcycle beaches and lack of crowds.
Street. My first surf came some 15 Southern California days past. Sand. trips. Friends visiting from up north. Wish I still had it.
near coastal smells, so I moved to Ocean Golden Gate Bridge for surf checks. morning and late-day bike rides with my along the streets in the Sunset district. our music and stage ways, but hairspray spontaneity. It's kind of like when you that. You work around the moods, carve

as much as he would like to, but it's not for years. Currently in San Francisco putting a can catch up on his life and enjoy "his" tight, like the band. My parents introduced feelings as healthy rather than self-
"Because of that, everywhere I was unreal. A green, tropical jungle, all at it. The surf was happening and warm. Or perfect waves. Everyone laughed at me then, and head south. I like Mexico, and used to go
"That was the way it used to be years ago; and my memories of it are like Surf. Sun. Those chubascos pumping swell wailed by sneaker sets. It was cool. My first
"Now, after being on tour for two Beach—two blocks to the sand. I often find Mostly I just hang around Ocean Beach, lady, time tripping along the strand or on my
"It's no different with our music. and Spandex are not our style. When the five go surfing. The conditions change constantly. off the attitudes and pull into ideas. It's tight

lack of trying. He's in a band called Faith No record together with the rest of the band, he beach. As he says: me to my first beach, and encouraged me to destructive so I've been lucky enough to go is "my beach." Like down at Rock In Rio tangled and jutting down onto bleached sand like the time on Maui and Honolua Bay when
"Who knows? Maybe someday I'll all the time. Maybe it's because of the great where I grew up in Del Mar, around 19th Polaroids. Quick, click remembrances of lines onto the coast; or Black's Beach cliff board was a plastic fantastic 6'4" swallow. years, I'm city-bummed. I had to get back myself radar-aimed at Fort Point under the which is my beach now. I love those early-black and white Italian Moto Guzzi motorcycle We could take a more corporate approach to of us are together, there are sparks and You have to adapt and flex. The band's like and together—just like my beach." ✕

My Beach, Beitrag, 1991.

Spiel mit unterschiedlichen Schriftgrößen und Abständen.

Foto Ken McKnight

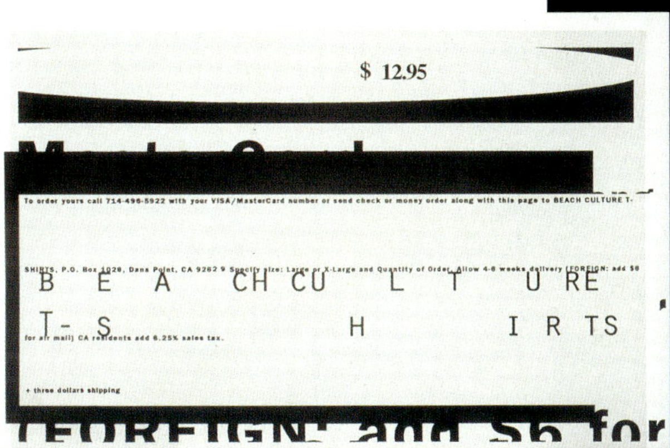

T-Shirt, Anzeige, 1991.

Die Anzeige operiert nur mit Text ohne Abbildung des Produkts: „Wenn Sie diese Anzeige und unsere Zeitung mögen, mögen Sie vielleicht auch das T - S h i r t

Vorankündigung für die nächste Ausgabe von Beach Culture, 1990.

Foto Art Brewer

Inhaltsangabe, 1991.

Komposition aus Zahlen, Buchstaben und Bildern für die erste Ausgabe, die auf eine Paginierung verzichtet. Computergenerierte und später übereinandergelegte Filme. Schrift: Hobo. Ein bewußter Versuch, mit dem Einsatz banaler Schrift eine interessante Komposition zu schaffen. Foto Larry Bartholomew

Inhaltsangabe, sechste Ausgabe, 1991.
Foto Jon Foster

Iopa Veles

hard to beat.

< Hintergrund: Reportage über Iopa Veles. Fotos Art Brewer >

Hanging At Carmine Street, Reportage über ein Schwimmbad in New York, 1991. Mit kopfstehender Typografie.
Foto Pat Blashill

[Hintergund: Mister Morrison

links] Face, Beitrag: Carl Lumbly.
Foto Art Brewer

rechts] Phranc, Porträt, 1990.
Die Schriftblöcke sind
durch Farben getrennt.

Hintergrund] Surftrip nach Mexiko, 1991.
Buchstaben in Fotokopie,
mexikanische Spielkarten,
Serviette aus der Baja Bar

altitude and attitude

fotos : trujillo+bing+fawcett

know conformity is the enemy.

text : doug palladini

Conformity. Mom asks one time too many why you can't be more like the nice boy across the street—the kid who combs his hair one too many times every day. Falls in line. Doesn't speak out of turn. "Son, is that standard regulation dress for this unit?" Regulate this.
Snowboarding. Once it had too much personality and was cast into the outskirts. The back hills. It was too radical for conventional thought. But today, with acceptance, financing and mainstream popularity, it struggles to maintain that personality. Money is powerful religion. Wanna get paid? Wear this. Ride here. Be like him. Be a hero.
A hero? Ask Ranquet. Palmer. Hetzel. They

Artikel über Snowboarding, 1990. Die stufenweise Anordnung der Textkolumnen symbolisiert den Titel „altitude and attitude". Fotos Trujillo, Bing, Fawcett

Beitrag über Property, 1991. "The last hold out" ist in einer Headline-Typografie gesetzt, während das aus den zwanziger Jahren stammende „e" in ein überdimensionales Fantasiezeichen eingepaßt wurde. Foto Steve Sherman

DAVID LYNCH UNEARTHED

34

David Lynch, Porträt, 1990. Carsons Layout entspricht typografisch den Regelverletzungen im Werk von David Lynch. Die zweite Textspalte verläuft mitten durch den Bund des Heftes. Der schwarze Schatten wurde durch einen nicht geschlossenen Kopierdeckel erzeugt. Foto Jan Weinberg

John Wesley Harding, Beitrag, 1990.
Bildmotiv: Angekreuzte
Aufnahme auf Kontaktbogen.
Foto Art Brewer

Galaxie 500, Porträt, 1990.
Foto Pat Blashill

Seiten der sechsten Ausgabe, 1991.
Seitengestaltung
durch Wiederholungen, Negativflächen und typografische Fragmentierungen
Fotos Steve Sherman

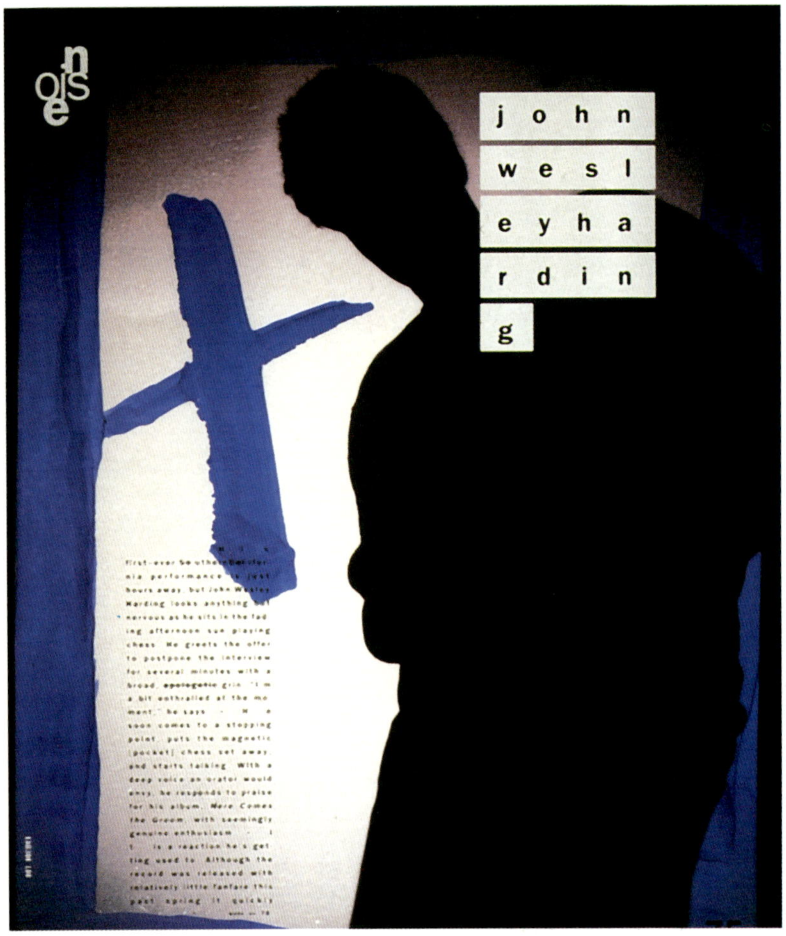

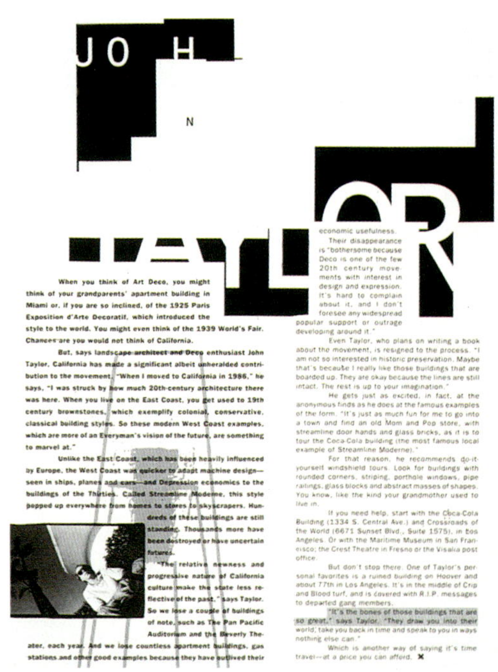

rechte Seite, oben]
Reisebericht, 1991.
Illustration Gary Baseman,
Foto Anthony Artiago

rechte Seite, unten]
Modeseite, 1991.
Schrift DC,
Foto Larry Bartholomew

rechte Seite, Hintergrund]
Foto Bradford Walker
Evans Hitz
aus der zweiten Ausgabe
von Beach Culture
[1990

the professional s u r f i n g tour
the association of surfing the professional s u r f i n g tour
professionals tour
by D e r e k Hynd
by D e r e k Hynd
4
pRETTY
PICtures FROM
europe

Titel, 1990. Das Motiv sollte ursprünglich nur innerhalb des Heftes erscheinen, kam aber dann auf die Titelseite. Foto Geof Kern >

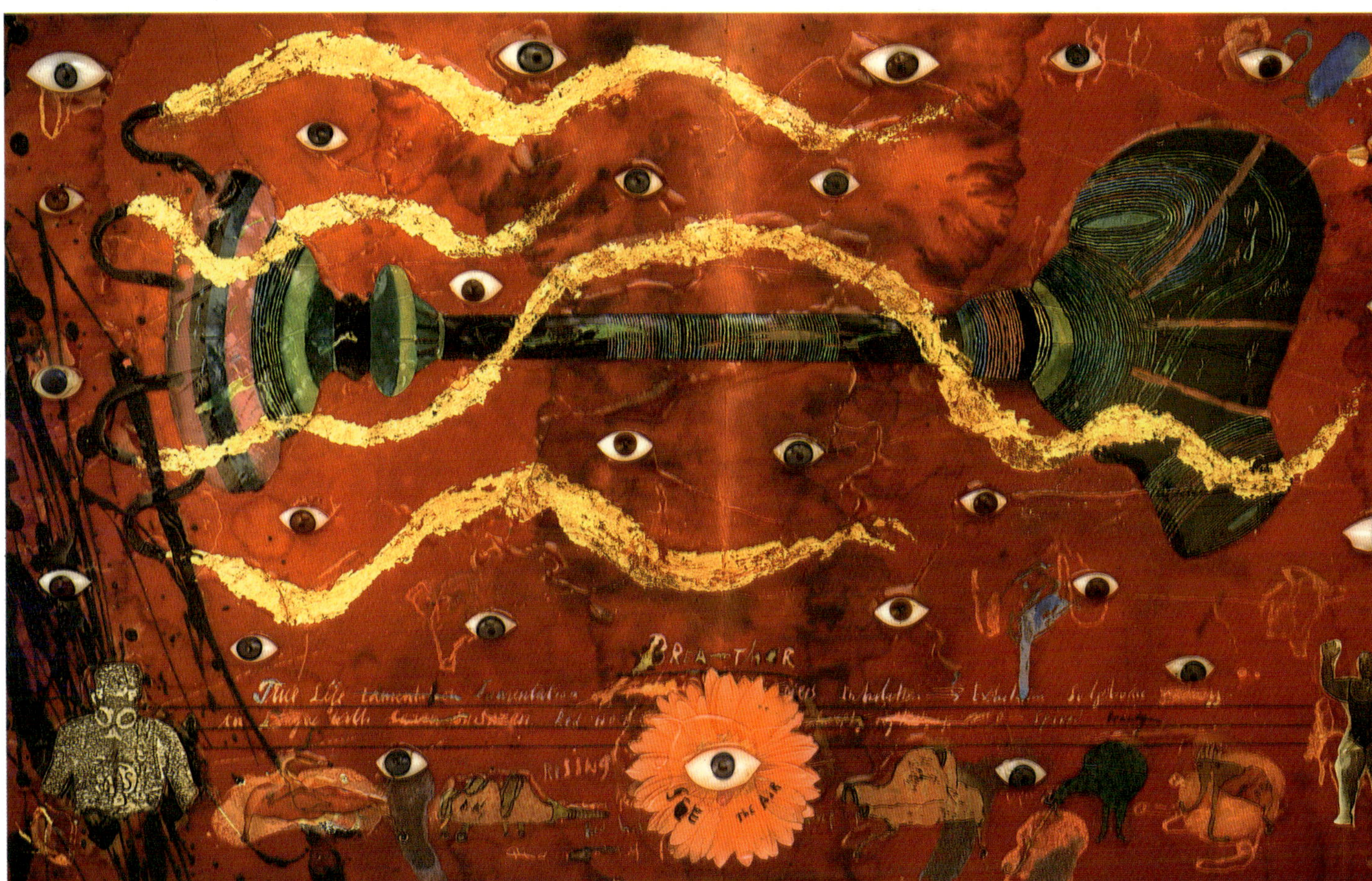

< Umweltthema, 1990.
Illustrierter textloser Beitrag von Henrik Drescher

Surfer 1991-2

Nach dem Scheitern von Beach Culture beauftragte man Carson, die im gleichen Hause erscheinende Zeitschrift Surfer attraktiver zu gestalten. Rigoros warf er den seit 33 Jahren angesammelten stilistischen Balast über Bord und entwickelte eine völlig neue Layoutstruktur Obwohl er sich nicht in allen Punkten durchsetzen konnte, wies er mit seiner rigorosen Umgestaltung einen Weg, der den Stil der gesamten Surfer-Presse beeinflußte. In seinen Layouts vermied er jegliche Überladenheit und konzentrierte die Wirkung auf dynamische Kompositionen aus Bild und Text. Hier kam ihm seine eigene Erfahrung als Profisurfer zugute, wenn es darum ging, trotz der reduzierten Kompositionen Inhalt und Aussage zu vermitteln.

SECRETS
OF
ECRET
BIG&WAVE
RIDING
rid

Foto Bob Barbour >

< Vorhergehende Seite] Secrets of big wave riding, 1992.
Abfotografierte Projektion auf Holzplatten, die mit Schrift beklebt sind.
Foto Art Brewer

Hintergrund Joseph Polevey

Big Time, 1992.
Um die Bedrohlichkeit der Welle zu steigern, wurde das Farbfoto im Photoshop auf Schwarzweißkontraste reduziert.

Surfing in Japan, 1992.
Frühes Beispiel einer Schriftveränderung im Photoshop

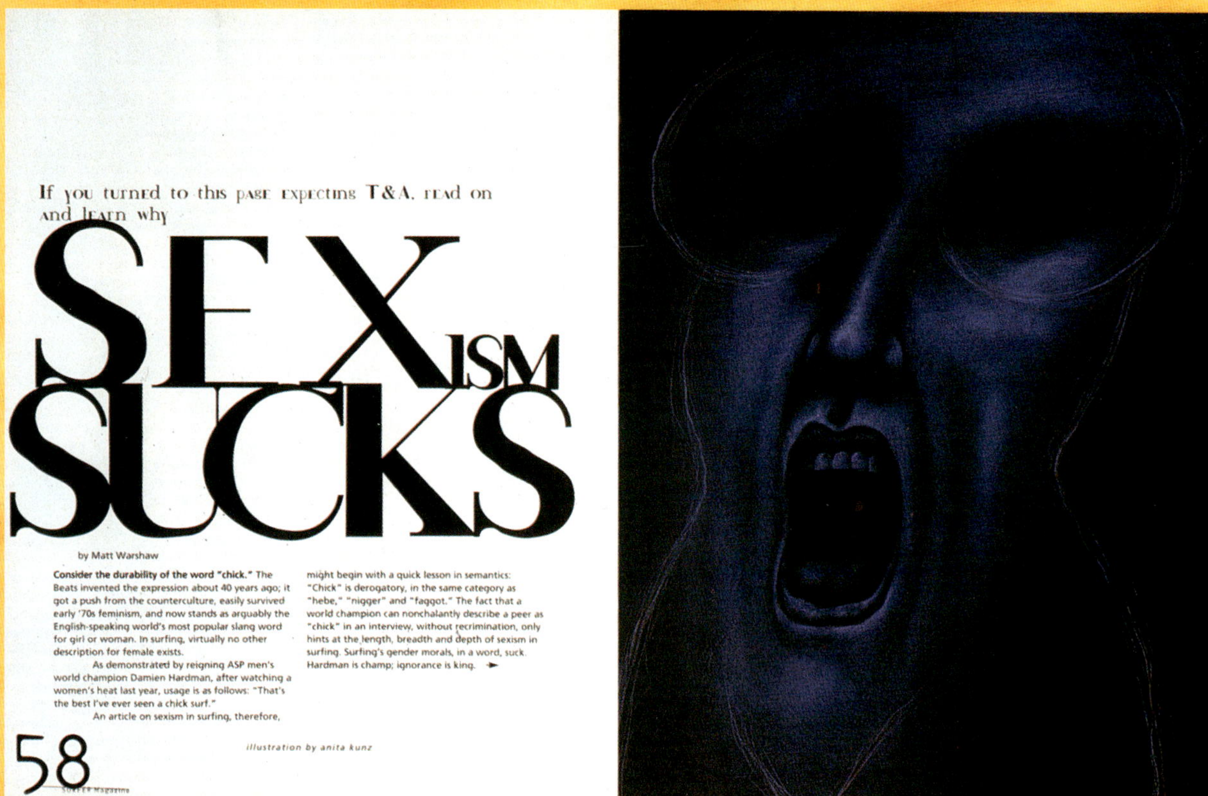
If you turned to this page expecting T&A, read on and learn why

SEXISM SUCKS

by Matt Warshaw

Consider the durability of the word "chick." The Beats invented the expression about 40 years ago; it got a push from the counterculture, easily survived early '70s feminism, and now stands as arguably the English-speaking world's most popular slang word for girl or woman. In surfing, virtually no other description for female exists.

As demonstrated by reigning ASP men's world champion Damien Hardman, after watching a women's heat last year, usage is as follows: "That's the best I've ever seen a chick surf."

An article on sexism in surfing, therefore, might begin with a quick lesson in semantics: "Chick" is derogatory, in the same category as "hebe," "nigger" and "faggot." The fact that a world champion can nonchalantly describe a peer as "chick" in an interview, without recrimination, only hints at the length, breadth and depth of sexism in surfing. Surfing's gender morals, in a word, suck. Hardman is champ; ignorance is king.

58

illustration by anita kunz

Sexism sucks, 1992. Dem Verweis auf dem Titel "The Bikini Issue, page 58" entspricht die übergroße Seitenzahl „58". Illustration Anita Kunz

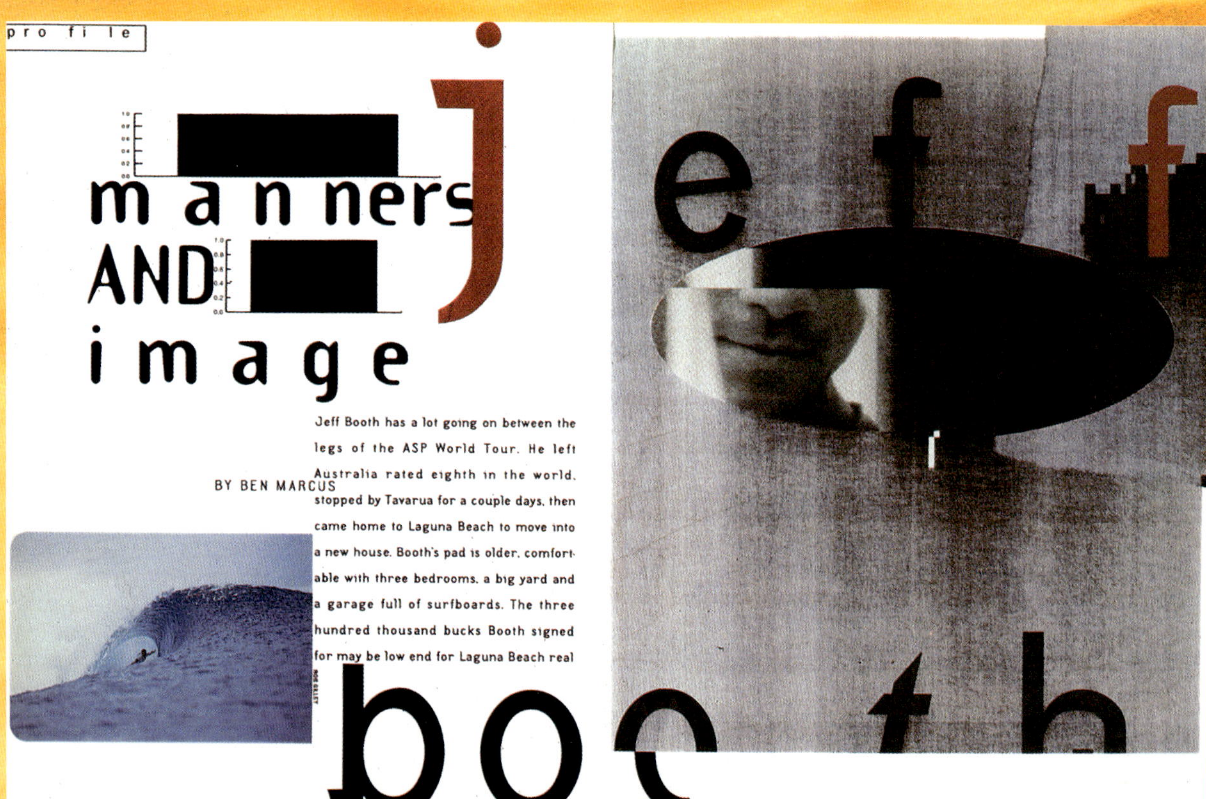
profile

manners AND image

jeff booth

BY BEN MARCUS

Jeff Booth has a lot going on between the legs of the ASP World Tour. He left Australia rated eighth in the world, stopped by Tavarua for a couple days, then came home to Laguna Beach to move into a new house. Booth's pad is older, comfortable with three bedrooms, a big yard and a garage full of surfboards. The three hundred thousand bucks Booth signed for may be low end for Laguna Beach real

Jeff Booth, 1992. Das Porträt eines publicityscheuen Surfers zeigt ihn als Farbfotokopie nur mit Mund und Nase. Der Schriftzug "Jeff Booth" ist in einer frühen Version von Barry Decks Industry Sans [später Arbitrary Sans] gesetzt.

the photos that changed the way we surf, 1992. Carson verwendete in der ersten Ausgabe des redesignten Surfers Barry Decks Template Gothic, die die Typografie der neunziger Jahre beeinflußte.

Art Brewer, Portfolio, 1992. Foto Matt Mahurin. Der in die Nähe des weißen Feldes plazierte Namenszug erinnert an die Creditline eines Fotografen.

Cold Sweat, 1992.
Die fotokopierte Schrift signalisiert die Unberechenbarkeit der Beach für Surfer.
Foto Don Montgomery

Ray Gun 1992

Ray Gun wurde als alternative Musikzeit-
zwischen erstarrten Musikpresseszene ent-
Marvin Jarrett, konzipierte dieses avant-
David Bowies Song „Moonage Daydream“
Marvin Jarrett verpflichtete das glücklose
Layouter und Neil Feineman als Redakteur.
im Freestyle aus Text und Bildcollagen.
Gun auch kunstfertigen Talenten aus dem
die Möglichkeit, Musik in Kunst umzusetzen.
einer Musikzeitschrift zu einer populären
scheinende Freestylekunst zum Herzstück
Ray Gun war von seinen Anfängen an als
Seit der Erstauflage, die bei 30.000 lag,
verkaufte Auflage von 140.000 Exemplaren.

Hintergründe
Florian Bohn

schrift zur ehemals progressiven, aber in-
wickelt. Der frühere Verleger von *Creem*,
gardistische Blatt, dessen Name sich auf
(...put a ray gun to my head...) bezieht.
Beach Culture-Team mit David Carson als
Das Team gestaltete die neue Zeitschrift
Neben weltberühmten Illustratoren bot Ray
Publikum unter der Rubrik *Sound in Print*
Mit *Sound in Print* wurde *Ray Gun* neben
Kunstgalerie und die darin regelmäßig er-
und emotionalen Bindeglied zum Publikum.
populäre Avantgardezeitschrift erfolgreich.
erreichte *Ray Gun* inzwischen weltweit eine

Inspiral Carpets, 1992.
Handgezeichnete Buchstaben
in Verbindung mit einer
Collage aus fotokopierten
Textspalten.
Foto Guzman

Get Your Motor Running, 1994. Rock Bands auf Reisen. Foto Doug Aitken

Nine Inch Nails/Perry Farrell, 1994. Auf der gemeinsamen Aufmacherseite erscheinen zwei Artikel gleichzeitig. Fotos Melodie McDaniel

Hot For Teacher, 1994. Eine „aufsässige“ Typografie symbolisiert den Inhalt des Artikels. [Rockstars erinnern sich an pikante Affären mit Lehrern]. Foto Floris Andrea

Get Your MOTOR Runnin'... Head Out the Highway

by Mark Woodlief

An independent band's typical tour vehicle is easily identifiable. Covered with bumper stickers, dust and finger-streaked 'wash me' signs on the outside, the van is almost always smelly and trash-strewn on the inside, where a veritable jigsaw puzzle of loaded equipment lies beneath a loft outfitted with a lumpy mattress. Some bands do things differently. Olympia's Beat Happening used to criss-cross the US in a rental car, for example. While the rich and famous charter megabuses for comfort, most groups settle for creative solutions to beating the road blahs.

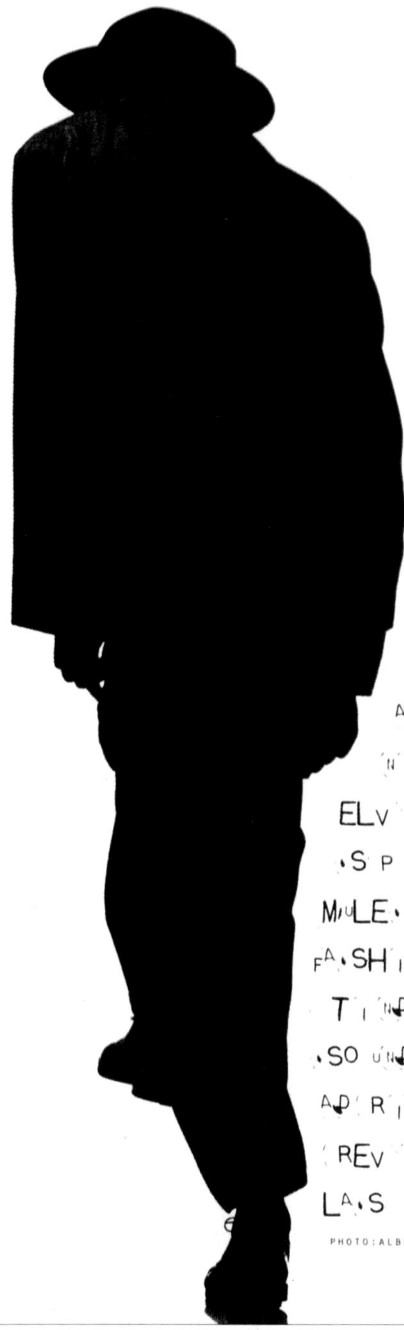

NEW ORDER CONTINUED

ALICE IN CHAINS

NICK CAVE

ELVIS COSTELLO

SPOONMAN

MULES DOGS

FASHION

TINDERSTICKS

SOUND IN PRINT

ADRIAN BELEW

REVIEWS

LAST PAGE

PHOTO: ALBERT WATSON

^ < Inhaltsangabe für die 16. Ausgabe, 1994. Foto Albert Watson

^ PJ Harvey, 1993. Illustration Geoff McFetridge, Foto Colin Bell

^ On the Road Again, 1994. Fotos Kris Harnson [l], Doug Aitken [r]

v

v

Mixed Messages, 1993. Zerschnittene Buchstaben wurden dazu

v

benutzt, Z w i s c henr äume zu

schaffen. Der Text erscheint doppelt

als Schatten.

Foto Anthony Artiago

619 **1993. Buchstabencode: Vorwahl für San Diego, vorgestellt wird die Musikszene. Foto Steve Sherman >**

Screaming Trees, 1993. Das Entschlüsseln der doppelseitenlangen Zeilen des über den Bund hinweg laufenden Textes erfordert Geduld.

Abbildung Doug Aitken, Hintergrundfoto Anne Brit Aase, Foto der Band David Hawkes

Recording in Soviet Disunion, 1993. >

Der chaotisch gesetzte Text interpretiert den Inhalt.

Abbildung Amy Guip

recording
in soviet
by Lauren Agnelli
dis-union
N
C.C.K.
D.R.C.
S

Ausgabe 25, **1995.** **Novum im Zeitschriftendesign: Ein Beitrag erscheint bereits auf dem Cover.**
Foto Guy Aroch

Ausgabe 17, **1994.** **Kombination aus drei Bildebenen im Photoshop in Collagetechnik.**
Fotos Melanie McDaniel
Flugzeug Dan Conway, Hund Jason Lamotte

Ausgabe 21, **1994.** **Anspielung auf "hot tomato": Ein Schwarzweiß-Polaroid tritt anstelle des üblichen Farbfotos auf konventionellen Titeln. „hot tomato" stammt aus „Life"**
Foto Kevin Kerslake

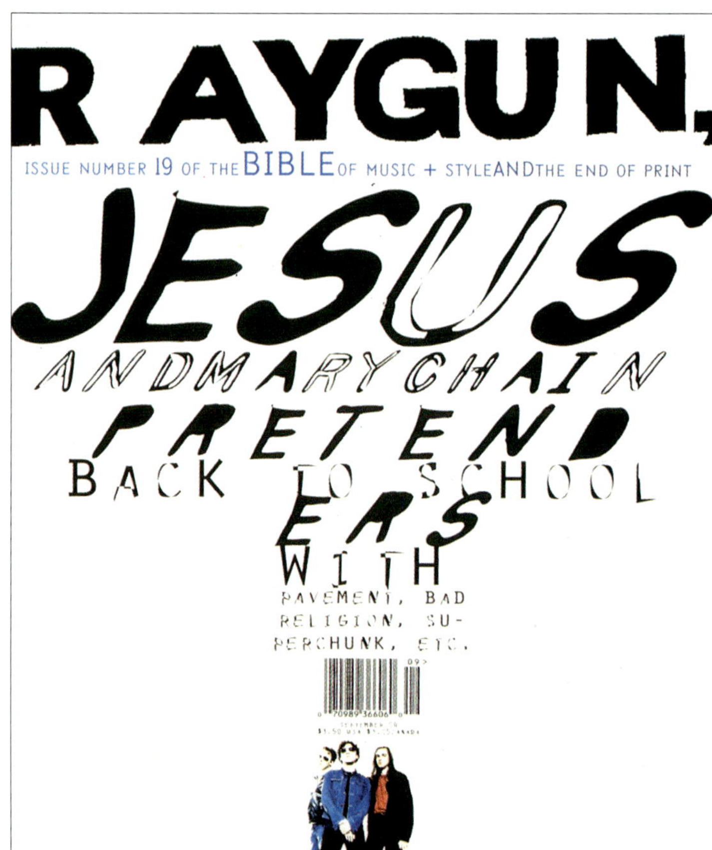

Ausgabe 19, **1994.** **Umkehrung der Prioritäten: Das Foto der Band ist kleiner als der Schriftzug von Ed Fella nach einem Poster für einen Vortrag von David Carson.**
Foto Colin Bell

Sonic Youth on the road, 1993.
Foto Alan Messer, Zeichnung Steve Tozzi
v

photography/ matt mahurin
words/ paul williams

The wanna-be greatest living American poet works hard outside the limelight in Portland, Oregon. 1966, not quite out of his teens, he had an early taste of success, writing songs with former high school pal Tim Buckley. 1969, after a year in the Army, he burned all his poems, years of work, so he could start fresh. From 1970 to 1987 he worked, every day, at his craft, chasing his ambition "to be for America what Shakespeare was to England, the man who turned all the history and folk tales into an authentic poetry." In those 17 years, he never once sent a poem to a literary journal. He wrote.

The first book-length poem in his American cycle — Paul Bunyan — took eight years to complete. "I wasn't a good enough writer. I had a great idea and a sound that was brand new, and I kind of was finding my voice. But I wasn't skillful enough at narrative poetry to bring it off. So I had to keep working for eight years to become good enough to finish it."

The second American epic, *Chief Joseph*, took five years (1982-87), and when it was done, **Larry Beckett** immediately started *P.T. Barnum*. On July 5, 1992, he read it in its entirety — four and a half hours — to an invited audience of 40 people. Most were spellbound despite the length, the complexity of the poem's weaving of voices and biographical fragments and its bursts of wild language. And then Beckett got up the next day to start work on his next 3000 line poem in the American cycle, *Amelia Earhart*.

The books or, as Beckett calls them, "texts for performance," are extraordinary, sustained explosions of authentic American language and energy. Each are entirely different from the others in style, voice, form and narrative content, each so rich in imagery and nuance and texture and event and so finely crafted that Beckett's aspirations to be worthy of his "heroes," Hopkins, Dickinson, Whitman and, of course, Shakespeare, seem far from unreasonable. One can imagine encountering these poems in school and being thrown for a loop by them: confused, intimidated, and finally diving in and coming up in love with literature, language and the music that words can make.

None of these books have been published.

It is fascinating in our success oriented, media-dominated culture to encounter an artist of unmistakable power and talent and fierce, sophisticated dedication to his craft, who can work alone for decades without the support of either the commercial world or the academy. Since it is the media that defines our reality for us, we expect people who haven't earned this approbation to be nuts, crackpots or frustrated failures.

What if they're the sane ones?

In addition to the long poems, Beckett has been working for years on a sequence of blank verse sonnets on the subject of marriage, and on a collection of madrigals, simple love poems based on Renaissance Italian and English forms. He also writes songs that seem to sing even in the absence of audible music.

"I think that poetry is just part of human life — that for some reason, literature is spellbinding. I don't think of it in a utilitarian sense at all. I don't think it brings us closer to the heart of reality or that it helps us to escape, especially. It's an inscrutable, mysterious and absolutely necessary part of our lives."

"For me, what I do is... I cannot not write about this country. I can't not do it. It obsesses me and fills my mind and I don't know why. I also can't not write long poems. I can't not write something that's infused with ordinary talk. I'm helpless."

Out of his helplessness, Larry Beckett is building up a body of work that will likely be remembered and beloved for centuries to come. Meanwhile we, his contemporaries, hardly know he exists. I suppose this piece is my tiny effort to change that. And yet it also comforts me to know that even in this age of media and celebrity, there are well-kept secrets among us.

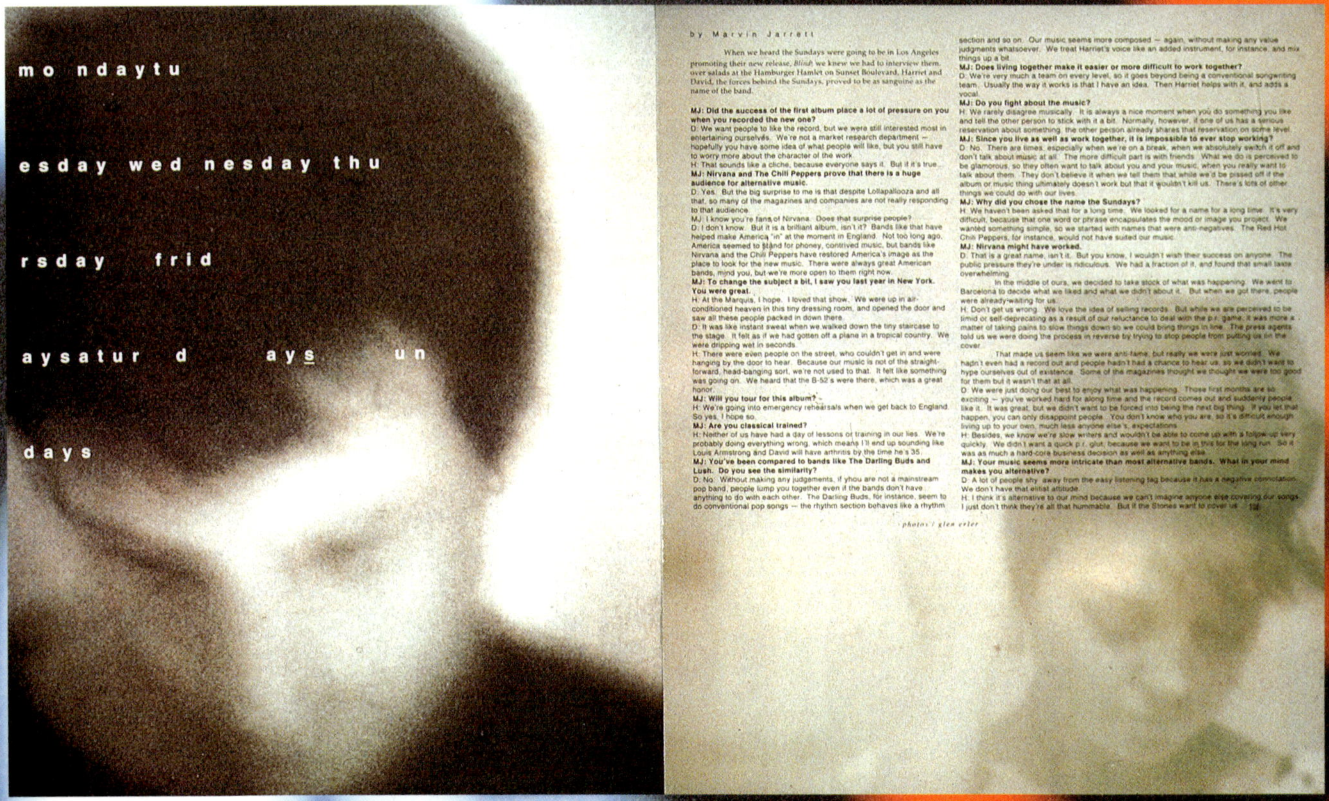

mo ndaytu

esday wed nesday thu

rsday frid

aysatur d ays un

days

by Marvin Jarrett

When we heard the Sundays were going to be in Los Angeles promoting their new release, *Blind*, we knew we had to interview them. over salads at the Hamburger Hamlet on Sunset Boulevard, Harriet and David, the forces behind the Sundays, proved to be as sanguine as the name of the band.

MJ: Did the success of the first album place a lot of pressure on you when you recorded the new one?
D: We want people to like the record, but we were still interested most in entertaining ourselves. We're not a market research department — hopefully you have some idea of what people will like, but you still have to worry more about the character of the work.
H: That sounds like a cliche, because everyone says it. But if it's true...
MJ: Nirvana and The Chili Peppers prove that there is a huge audience for alternative music.
D: Yes. But the big surprise to me is that despite Lollapallooza and all that, so many of the magazines and companies are not really responding to that audience.
MJ: I know you're fans of Nirvana. Does that surprise people?
D: I don't know. But it is a brilliant album, isn't it? Bands like that have helped make America "in" at the moment in England. Not too long ago, America seemed to stand for phoney, contrived music, but bands like Nirvana and the Chili Peppers have restored America's image as the place to look for the new music. There were always great American bands, mind you, but we're more open to them right now.
MJ: To change the subject a bit, I saw you last year in New York. You were great.
H: At the Marquis, I hope. I loved that show. We were up in air-conditioned heaven in this tiny dressing room, and opened the door and saw all these people packed in down there.
D: It was like instant sweat when we walked down the tiny staircase to the stage. It felt as if we had gotten off a plane in a tropical country. We were dripping wet in seconds.
H: There were even people on the street, who couldn't get in and were hanging by the door to hear. Because our music is not of the straight-forward, head-banging sort, we're not used to that. It felt like something was going on. We heard that the B-52's were there, which was a great honor.
MJ: Will you tour for this album?
H: We're going into emergency rehearsals when we get back to England. So yes, I hope so.
MJ: Are you classical trained?
H: Neither of us have had a day of lessons or training in our lies. We're probably doing everything wrong, which means I'll end up sounding like Louis Armstrong and David will have arthritis by the time he's 35.
MJ: You've been compared to bands like The Darling Buds and Lush. Do you see the similarity?
D: No. Without making any judgements, if yhou are not a mainstream pop band, people lump you together even if the bands don't have anything to do with each other. The Darling Buds, for instance, seem to do conventional pop songs — the rhythm section behaves like a rhythm section and so on. Our music seems more composed — again, without making any value judgments whatsoever. We treat Harriet's voice like an added instrument, for instance, and mix things up a bit.
MJ: Does living together make it easier or more difficult to work together?
D: We're very much a team on every level, so it goes beyond being a conventional songwriting team. Usually the way it works is that I have an idea. Then Harriet helps with it, and adds a vocal.
MJ: Do you fight about the music?
H: We rarely disagree musically. It is always a nice moment when you do something you like and tell the other person to stick with it a bit. Normally, however, if one of us has a serious reservation about something, the other person already shares that reservation on some level.
MJ: Since you live as well as work together, it is impossible to ever stop working?
D: No. There are times, especially when we're on a break, when we absolutely switch it off and don't talk about music at all. The more difficult part is with friends. What we do is perceived to be glamorous, so they often want to talk about you and your music, when you really want to talk about them. They don't believe it when we tell them that while we'd be pissed off if the album or music thing ultimately doesn't work but that it wouldn't kill us. There's lots of other things we could do with our lives.
MJ: Why did you chose the name the Sundays?
H: We haven't been asked that for a long time. We looked for a name for a long time. It's very difficult, because that one word or phrase encapsulates the mood or image you project. We wanted something simple, so we started with names that were anti-negatives. The Red Hot Chili Peppers, for instance, would not have suited our music.
MJ: Nirvana might have worked.
D: That is a great name, isn't it. But you know, I wouldn't wish their success on anyone. The public pressure they're under is ridiculous. We had a fraction of it, and found that small taste overwhelming.

In the middle of ours, we decided to take stock of what was happening. We went to Barcelona to decide what we liked and what we didn't about it. But when we got there, people were already waiting for us.
H: Don't get us wrong. We love the idea of selling records. But while we are perceived to be timid or self-deprecating as a result of our reluctance to deal with the p.r. game, it was more a matter of taking pains to slow things down so we could bring things in line. The press agents told us we were doing the process in reverse by trying to stop people from putting us on the cover.

That made us seem like we were anti-fame, but really we were just worried. We hadn't even had a record out and people hadn't had a chance to hear us, so we didn't want to hype ourselves out of existence. Some of the magazines thought we thought we were too good for them but it wasn't that at all.
D: We were just doing our best to enjoy what was happening. Those first months are so exciting — you've worked hard for along time and the record comes out and suddenly people like it. It was great, but we didn't want to be forced into being the next big thing. If you let that happen, you can only disappoint people. You don't know who you are, so it's difficult enough living up to your own, much less anyone else's, expectations.
H: Besides, we know we're slow writers and wouldn't be able to come up with a follow-up very quickly. We didn't want a quick p.r. glut, because we want to be in this for the long run. So it was as much a hard-core business decision as well as anything else.
MJ: Your music seems more intricate than most alternative bands. What in your mind makes you alternative?
D: A lot of people shy away from the easy listening tag because it has a negative connotation. We don't have that elitist attitude.
H: I think it's alternative to our mind because we can't imagine anyone else covering our songs. I just don't think they're all that hummable. But if the Stones want to cover us...

photos / glen erler

The Best Unknown Poet In America, 1993. Dem Thema entsprechend keine Überschrift. Foto Matt Mahurin

The Sundays, 1993. Die Headline zählt zunächst Wochentage auf und unterstreicht das „S" von Sundays.

The Shamen, 1993. Zwei von drei Doppelseiten: Die konisch gesetzten Textspalten aus Ray Gun wurden zu einem oft kopierten Stilmittel im Zeitschriftendesign.

Bootsy Collins, 1994. Foto D. Altman Flescher

by Greg Siegel

jellyfish

"We love to play with different timbres and mix instruments together," says Jellyfish singer/drummer Andy Sturmer. "For instance, the sound of an alto flute with a xylophone creates a certain sound that you never hear, or haven't heard since you listened to the *Pink Panther* soundtrack."

This willful initiative and musical derring-do—which makes Jellyfish's second album, *Spilt Milk*, a contender—is the brainchild of Sturmer and partner Roger Manning (keyboards, vocals), both of whom hail from suburban San Francisco: "Lots of pastures and garage door openers," quips Manning. By incorporating a host of non-traditional instruments and fashioning complex, often strange arrangements, Jellyfish directs attention to the music's form. But what about content? The songs are are instantly accessible, replete with infectious melodies and consummate tunefulness. As Manning points out: "We're still working within a pop format; catchy, hooky melodies are our priorities."

Spilt Milk is quite a bit different from its predecessor. "*Bellybutton* was a very naive record," muses Sturmer. "The scope and focus has widened on *Spilt Milk*; the hard parts rock harder, the soft parts are softer. I think of the first album as so basic, while the new one is this huge, epic...thing!" Manning admits, though, that they "were kind of shooting in the dark. I think we were in over our heads sometimes, but we'd just edit things out until we got off on it."

In addition to the structural changes, Sturmer sees an evolution in his lyrics. "The act of writing is very hard for me," he says. "I always have the homework flashbacks: I'm sitting down with a blank piece of paper and I've got to write my report that's due tomorrow. But the more you write, the more fluent you become at it. I think the lyrics on *Spilt Milk* read better"

The band's lineup is new, too (guitarist Jason Faulkner and "witchdoctor and mime" Chris Manning are gone) — which, according to Sturmer, doesn't account for the creative changes. "From the outside, when people see a band with four members, they think, 'Oh, everybody must have shared in this record.' Well, in actuality, Chris Manning didn't even play on the first record!" Handling bass duties on *Spilt Milk* is longtime J-fish friend and fan, Tim Smith, who was thrust into the studio just six days prior to actual recording. "We wanted a band identity on the record," says Sturmer, "so instead of hiring Joe Blow bassist from L.A., we asked Tim to join."

Spilt Milk might surprise those who previously dismissed Jellyfish as a bunch of retro fashion dandies with a thing for the Beatles. While their penchant for Seventies' garb persists—Sturmer and Manning's neo-hippie threads and hairstyles provide striking contrast to the fluorescent-blanched Virgin Records' conference room—the flashy duds have been a source of some ridiculous misunderstandings lately. "We just got back from Germany," says Sturmer, "and they thought we were a hardcore punk band from L.A., who were only doing this as a joke!"

Jellyfish, 1993. Blumen symbolisieren die Hippyband. Foto Moriane
Hintergrund Meredith Parmelee

Choice Comes to Pensacola, 1994. Foto Eric Lynn [oben l], Illustration Nicky [unten l], Beregausky [r]

letterpress, 1998. christian sunderdiek, hatch show print

21

E VEND
JADALAJA

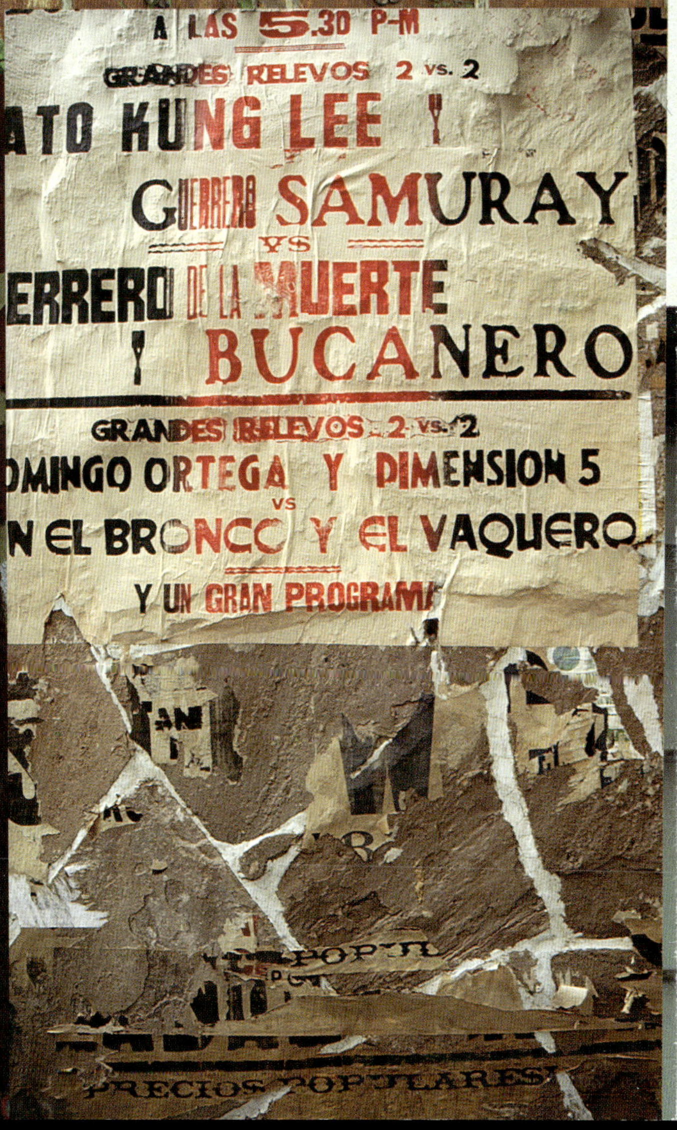
A LAS 5.30 P-M
GRANDES RELEVOS 2 vs. 2
ATO KUNG LEE Y
GUERRERO SAMURAY
VS
ERRERO DE LA MUERTE
Y BUCANERO
GRANDES RELEVOS 2 vs. 2
OMINGO ORTEGA Y DIMENSION 5
VS
N EL BRONCO Y EL VAQUERO
Y UN GRAN PROGRAMA
PRECIOS POPULARES

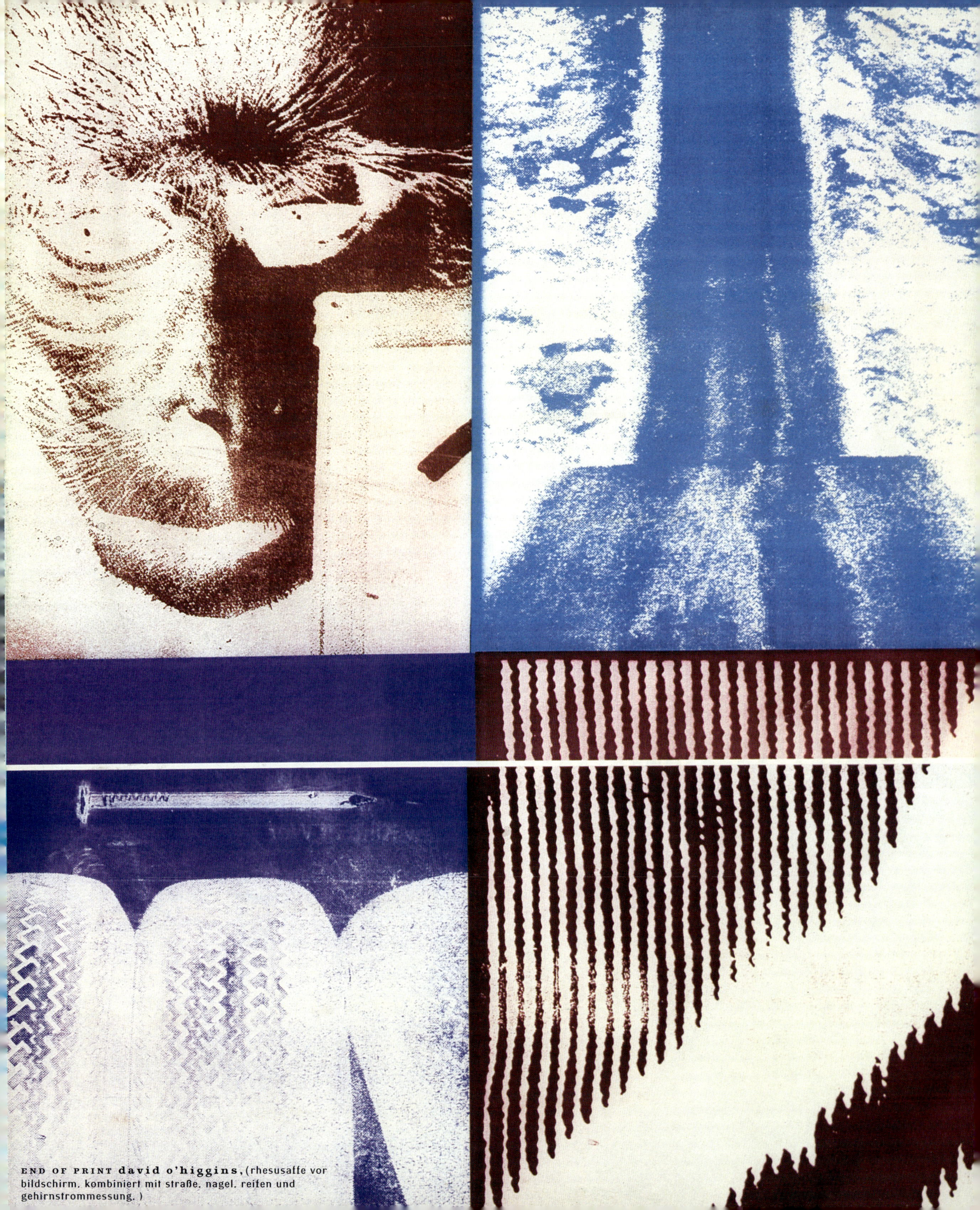

END OF PRINT **david o'higgins**, (rhesusaffe vor bildschirm, kombiniert mit straße, nagel, reifen und gehirnstrommessung.)

all photos DC

和
丸和商店
砂糖·水飴·氷蜜
祝儀用各種砂糖卸小売
TEL
Ruby Isle
THEATRE
DANCES
$12
STYRET HAR
ALLE ATEN
FEBRUAR A
BEGIVENHET
VOKALGRUP
PROGRAM V
15-19 ONSLOW AVENUE
TRADESMEN...
ALL UNITS.
STRATA PLAN NO. 4983
ar

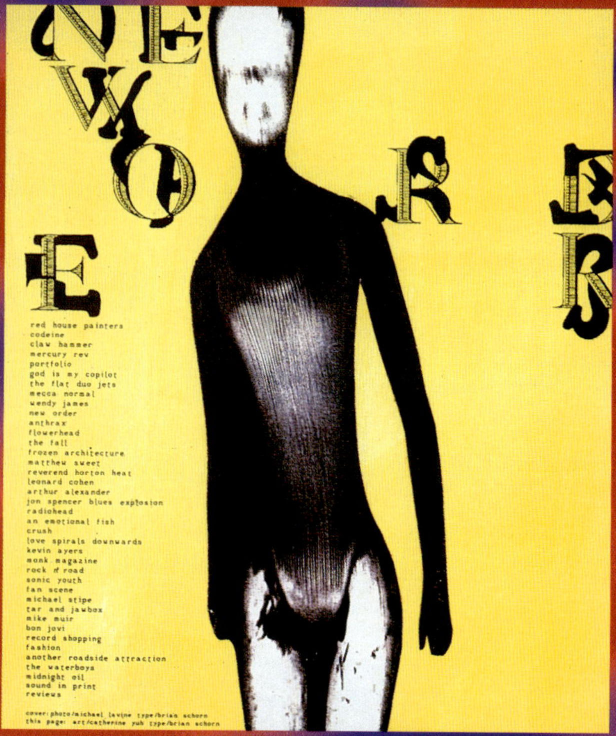

Mecca NORMAL

Band achieves international notoriety after 21 tours and four albums

By Denise Sheppard

After 21 tours, four albums, a pair of EP's and innumerable singles, Mecca Normal (vocalist Jean Smith and guitarist David Lester) are finally receiving international notoriety. "When we released our first record in '86," recalls Lester, "people would sometimes compare Jean's singing to Yoko Ono, and this was meant as a derisive comment. Now the times have changed so much that this reference is intended to be a compliment. We've been putting out records for years, but they are fundamentally the same."

"We pretty much cleared rooms," says Smith, speaking of the band's early performances. "That was our main function. So if that happened we knew we were on the right track. It almost feels fickle now that people like us, because we're doing exactly the same thing. I have to ask myself, 'Well, what phenomenon is this?' We were not accepted and that was an inspiration, right?"

Conversely, it is that very same live show which appeals to—and inspires—so many fans. Onstage, Lester is a man of few words and many actions. His extremely physical playing is simultaneously beautiful and uncomfortable to watch. Jean is also mesmerizing live. Swaying, chanting, even dropping the microphone in mid-verse is regular fare, preferring instead to sing while walking out amongst the crowd. "I view what Jean and I do as a musical form of civil disobedience," says Lester.

"You don't play the game, but instead you try to make what I consider a social change within the scope of a musical format."

After years of releasing hard-to-find singles and EP's, a 22-track collection, Jarred Up, has recently been issued. By no means, however, is it to be confused with a "Mecca Normal's Greatest Hits," as Jean is quick to explain: "The songs are just literally everything that has come out as a single or on a compilation. It's just a gathering of all those pieces—nothing's excluded." The disc include the likes of "Man Thinks Woman," "This Is Different" and "Strong White Male," much of it pulled from the band's early days.

An as-yet-untitled full-length disc of recent material is slated for September (Smith describes it as "very different—sort of creepy and quite a bit darker"), followed by lots of touring. Smith is also releasing her first book—entitled I Can Hear Fine—sometime this fall. When asked how long the pair can imagine their productivity lasting, Smith says she sees no limit: "I'm sure we'll be working together when we're in our eighties. It's that kind of relationship. We understand each other and have a similar desire to inspire other people to do something or feel something."

They've arrived, David Lester and Jean Smith

We've been putting out records for years, but they are fundamentally the same... It almost feels fickle now that people like us because we are doing exactly the same thing."

26 • Ray Gun, June/July, 1993

PHOTOGRAPH BY W. A. HOECHERL

< **Inhalt, 1993. Die Typografie stammt von dem Cranbrook-Studenten Brian Schorn, der traditionelle Buchstabenfragmente in neue Buchstaben integriert.** Art Catherine Yuh

< **Mecca Normal, 1993. Das traditionelle Layout spielt auf den Namen an und gleicht einer Seite aus Rolling Stone.**

Manic Street Preachers, 1993. Die für die Konstruktion des Layouts notwendigen Textkästen blieben stehen. Foto Colin Bell <

< **Sonic Youth, 1992. Eine bewußt linkisch ausgeführte, handgezeichnete Schrift überdeckt den ganzseitigen Schriftblock. Illustration James Fish**

< **Richard Thompson, 1993. Grafische Fundstücke, die der Musik entsprechen. Foto Greg Allen. Hintergrund Geoff McFetridge**

< **Anzeige, 1993.** **Gestaltung im Stil einer alten Illustrierten, Collage DC**

Extra Large, 1993.
Der Text ist in drei Punkt Schriftgröße gesetzt und betont das Gewicht des Kreises. >
Das Bild von Extra Large dagegen ist extrem klein.

^
Too Much Joy, 1992. Die Schrift des ersten Absatzes ist so oft übereinanderkopiert, daß der Text unleserlich wird.

Vom zweiten Absatz an ist der Text lesbar.

Oder…

^

Backbeat, 1994. John Lennons Porträt ist bewußt ausgespart und hinterläßt ein Loch

im Fließtext.

[redacted]

Being trendy in any way, shape or form is, in fact

Josh Freese who plays drums and

who plays guitar and produced the band's debut LP, the strange

guitar but pretty night but incorrigible *Now I Eat Them*

We make a point of staying away from whatever's popular," Darren says. But that doesn't

they don't know how to have a good time in the high style realm of Eagleson's in Westwood which has been serving big and tall men since 1887

I don't know what I was thinking, xtra large are not Boo Yaa Tribe or even Luther Vandross after a binge. But I've always wanted a reason to enter that most mysterious of male domains, the big and tall men's clothing shop, and xtra large provided the perfect excuse. I don't know what they were thinking either, but they agreed to drive up from Orange County. We meet over mugs of iced latte at the theme keeping Big & Tall bookstore and cafe in West Hollywood, and while waiting for Josh, who'd spent the morning spitting grapes and sour cream for a friend's pixel camera in Venice

I began to understand the extent of xtra large's adamant antifashionism. "To strive for a certain image would be insincere," says Darren. "We just do what we do and it comes across the way it does. We're not trying to jump on some 'wacky' alternative guys kind of thing."

They are, however, nothing if not unconventional. Even in the way the band was formed. They all knew each other from around for years, and had at some time or another played together, but were each involved in a host of fairly viable projects: Big Drill Car, the Vandals, Infectious Grooves.

"It's been a totally backwards evolution," says Darren, who knows about science and stuff, having graduated from UCI with a biology degree. "Usually when you start a band you play live for like a year and then go record something.

"But we started as a recording entity first. We decided to do this because it gave us the chance to stretch out a little musically from the bands we were in, do something completely a little off the wall that we couldn't do in, say, a punk rock or a pop context."

in which he could smuggle an entire family across the border.

"My attitude about clothes is not to try to be cool and keep up with what's popular," Norman says, dashing in a plaid top and patterned bottoms.

he could take us all for a champagne picnic in the sky. I'd rather just be retarded. Because whatever's lame is going to be lame forever. It's the kind of thing you can stick with."

The fashion/music connection is not lost to these gents. It just frightens them. "The alternative is now the mainstream. All of a sudden you lose a bit of your identity," Bob observes, rounding out his monochromatic ensemble with a natty ascot. "This whole mainstream alternative explosion thing is unsettling. It's good because we have an opportunity to be heard, but the alternative scene was the only place where you could express yourself and be artistic, and now it's become the new glam rock."

"It's terrifying," Darren agrees, adjusting his scarf bandito style to maximize the invisible man effect. "You have alternative music, this whole scene that's been around forever, and once it hits MTV and the charts and everything, and the general public has access to it and is into it, it's weird. When something becomes popular, the impact it has is bizarre. I just hope we don't get lumped in with the whole new wave of bands who were like Poison two years ago and now all cut their hair and wear shorts and combat boots."

And how will you be paying for this?" Paul inquires. Then he laughs. He's used to dealing with celebrity clientele. Among his regular customers is Mohammed, The Tallest Man In The World, who's eight foot one. Paul has to stand on a ladder to fit him.

The last time Mohammed came by, Paul traced his hand on a gift box. He shows it to us. We're all impressed. Paul doesn't ask to

Dritte Ausgabe, 1993. Die Titelschrift steht auf dem Kopf. [Wie ursprünglich das Portät von J. Mascis, der Musikzeitschriften haßt.] Beginn der monatlich wechselnden Titelschriften

Inhaltsangabe, Ausgabe 14 , 1994. Foto Michael Lavine

Fan scene, 1993. Lippen: Poster von Hatch Show Print

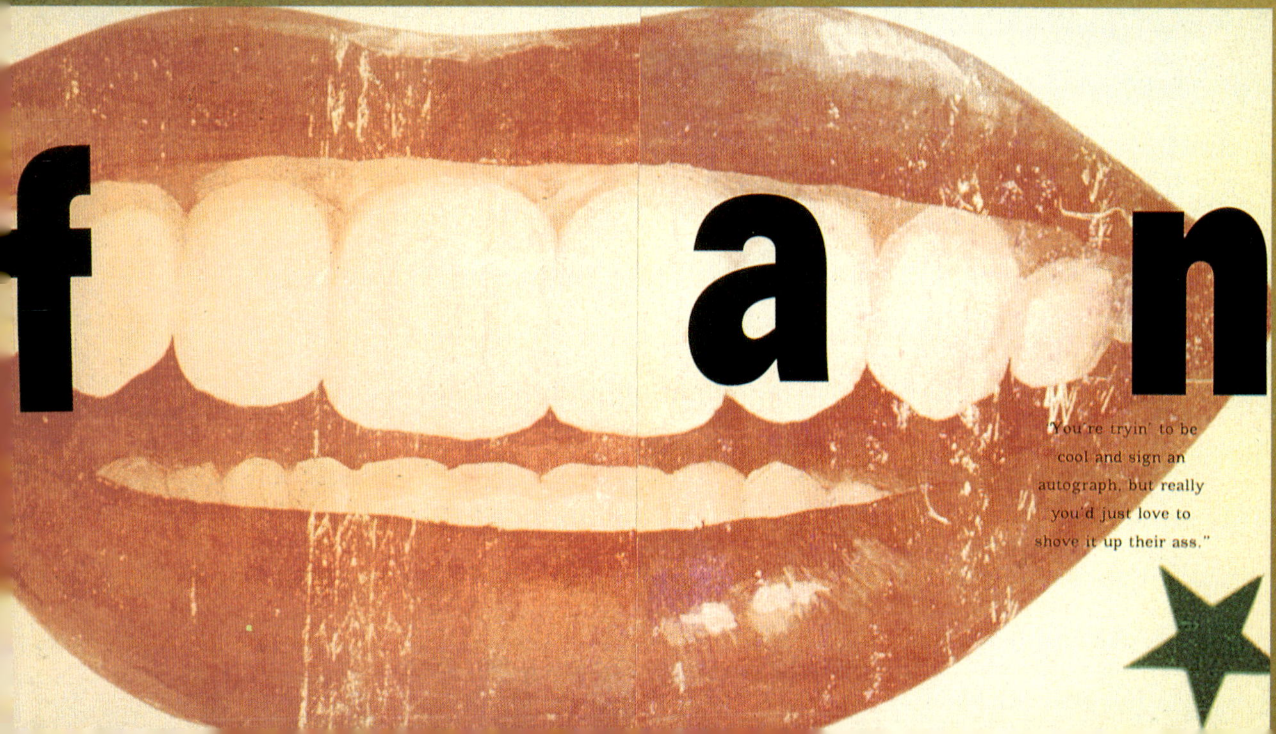

^ *On the road*, *Reisebericht*, 1993. Foto durch Windschutzscheibe in Baja, Mexico DC. *Essen unterwegs*, 1994. Collage aus Gepäckanhänger Supermarktfoto. Foto Aaron Tucker
v

< **Sechste Ausgabe, 1993.**
Gezeichnete Schrift von Calef Brown
PJ Harvey-Foto Colin Bell

Tin Man, 1993.
Auf dem Fotokopierer hochvergrößerte Buchstaben.
Foto Scott Lowden
v

Brian Eno, 1994. >
Enos Raumklänge spiegeln sich im weiträumigen Layout.
Foto Ophelia Chong

Ist Techno tot? 1994.
Die Überschrift ist aus dem Fließtext
ausgeschnitten, der wie der Technosound
elektronisch collagiert wurde.
Foto John Ritter >

TURN
OVER
1-800-46-RYDER
youcan
ust.
in
tim

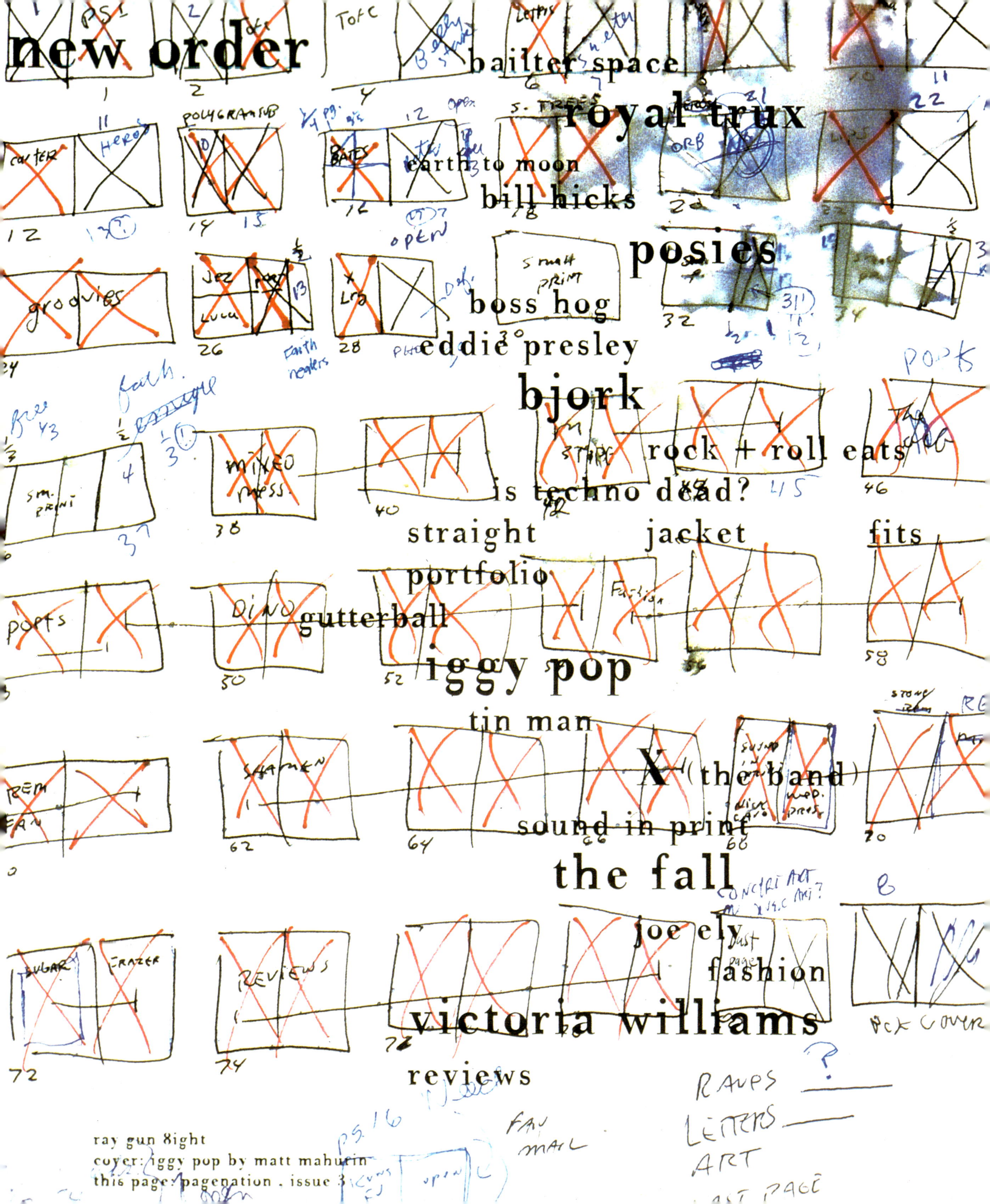

ray gun 8ight
cover: iggy pop by matt mahurin
this page: pagenation . issue 3

Why be Frank Black. Black Francis. Slash, the Edge, Ice Whatever, etc.? "Because you can," Frank Black says. "It's part of rock 'n' roll, like wearing the leather jacket.
It's just schtick."
Why Frank Black specifically is simple. "It's a totally new stage name that makes more sense than the other one did. People never really got my original stage name right." He smiles. "They don't know if I'm Black, they don't know if I'm Francis.... So I said, 'Oh, forget it. I've gotten what I could out of that. It's
time for a
new name."

< Frank Black, 1993.
Seitenfolge, die ein ausgeschnittenes Bildmotiv ebenfalls wieder im Text erscheinen läßt.
Hand-Schrift Edd Patton.
Foto Mike Halsband

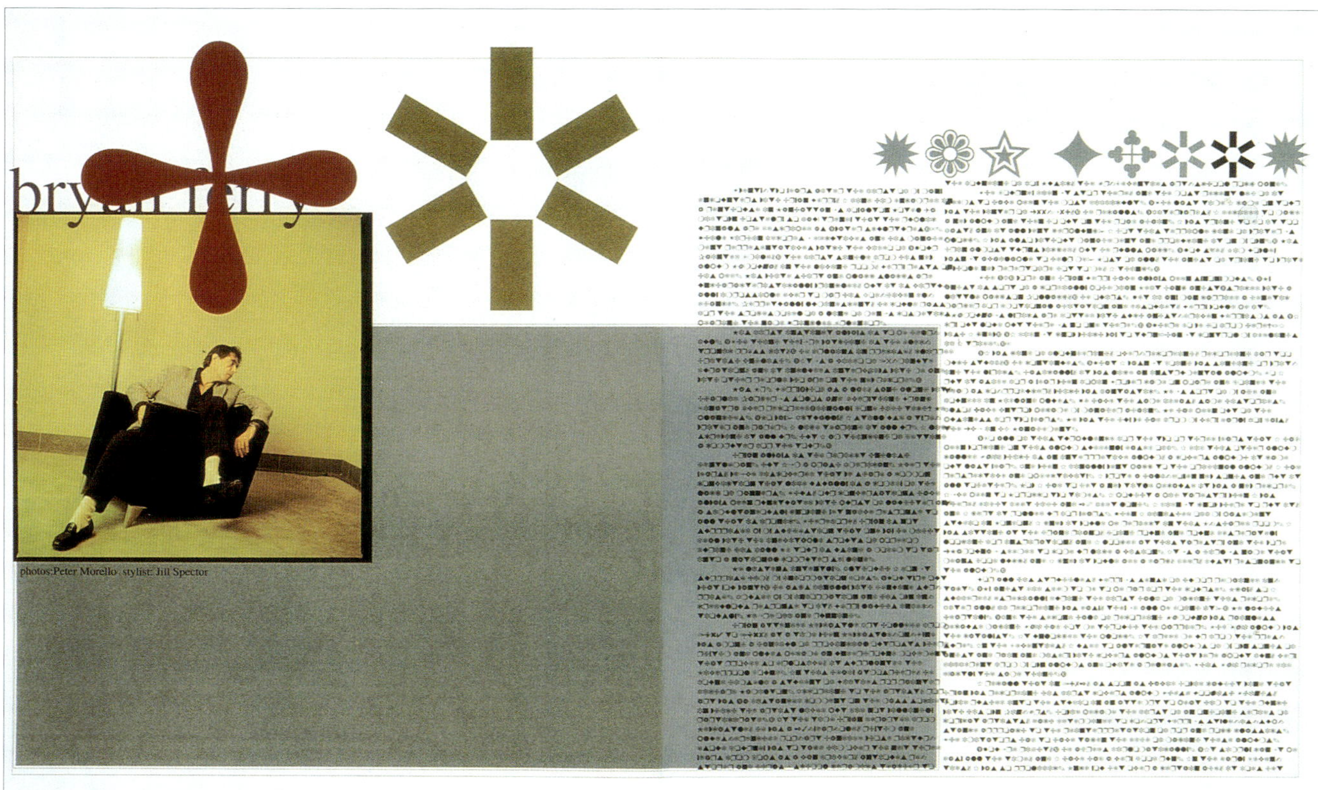

^
Bryan Ferry, 1994. Schrift Zapf Dingbat
Foto Peter Morello

>
Compulsion, 1994.
Überschrift, Text und Bild als Gesamtkomposition
Foto Michael Wong

Survival Research Laboratories, 1993.
DC's Schrift ist auf eingescannten, mit den Fingern erzeugten Formen aufgebaut. Dem durch Handzeichen fragmentierten Schriftbild auf der Einleitungsseite folgt ein vollständiger und lesbarer Text.

Ray Gun mail >

Ween, 1994.
Bizarre Band.
Das Foto der Band ist bis zur Bedeutungslosigkeit heruntergespielt.
Fotos Melanie Acevedo

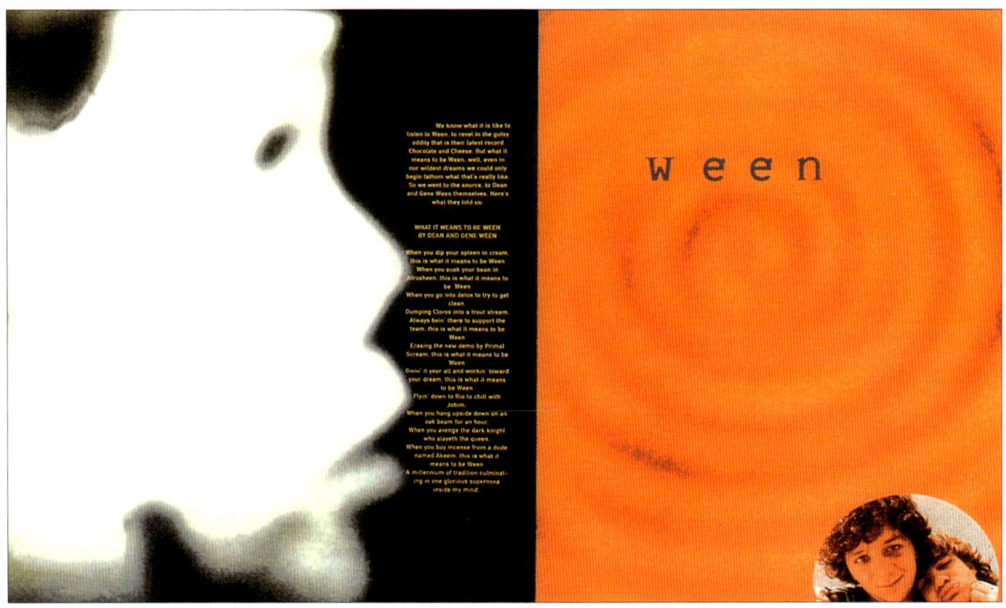

Mode aus London, 1995. Fotos Corinne Day >

[Waterboys], 1993.
Die Überschrift versinkt im Bund.

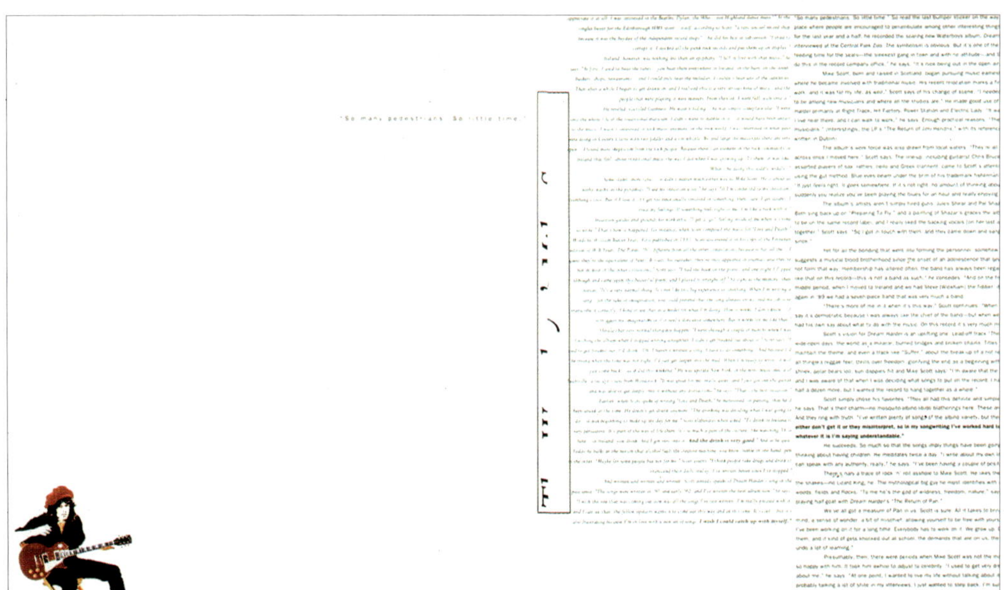

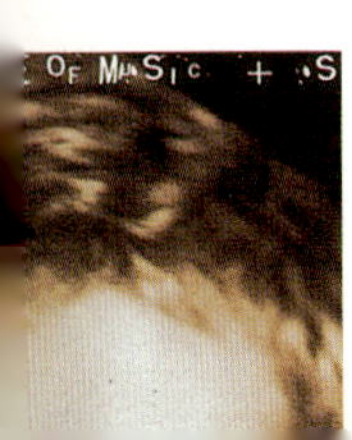

(art)

su
BY MARK WOODLIEF
chunk

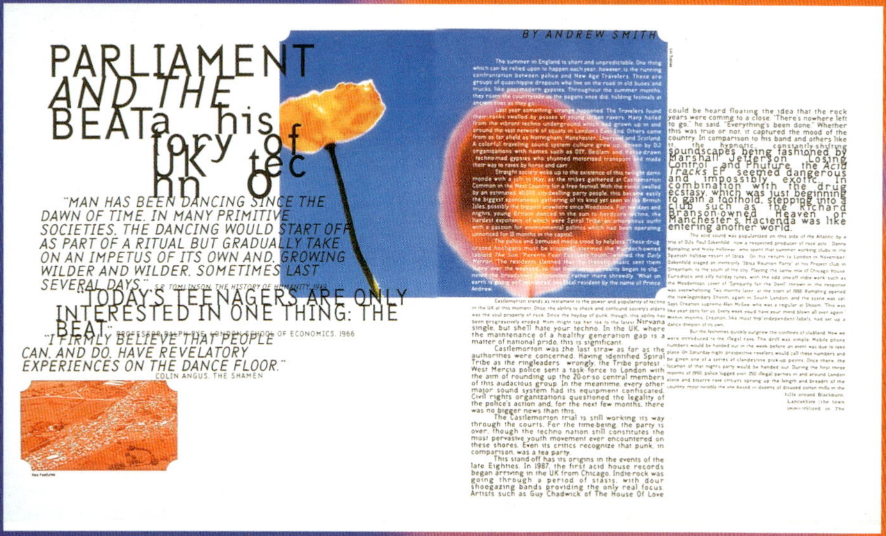
PARLIAMENT
AND THE
BEAT a his tory of UK tec hn o
"MAN HAS BEEN DANCING SINCE THE DAWN OF TIME. IN MANY PRIMITIVE SOCIETIES, THE DANCING WOULD START OFF AS PART OF A RITUAL BUT GRADUALLY TAKE ON AN IMPETUS OF ITS OWN AND, GROWING WILDER AND WILDER, SOMETIMES LAST SEVERAL DAYS."
"TODAY'S TEENAGERS ARE ONLY INTERESTED IN ONE THING: THE BEAT."
OF ECONOMICS, 1966
"I FIRMLY BELIEVE THAT PEOPLE CAN, AND DO, HAVE REVELATORY EXPERIENCES ON THE DANCE FLOOR."
COLIN ANGUS, THE SHAMEN
BY ANDREW SMITH

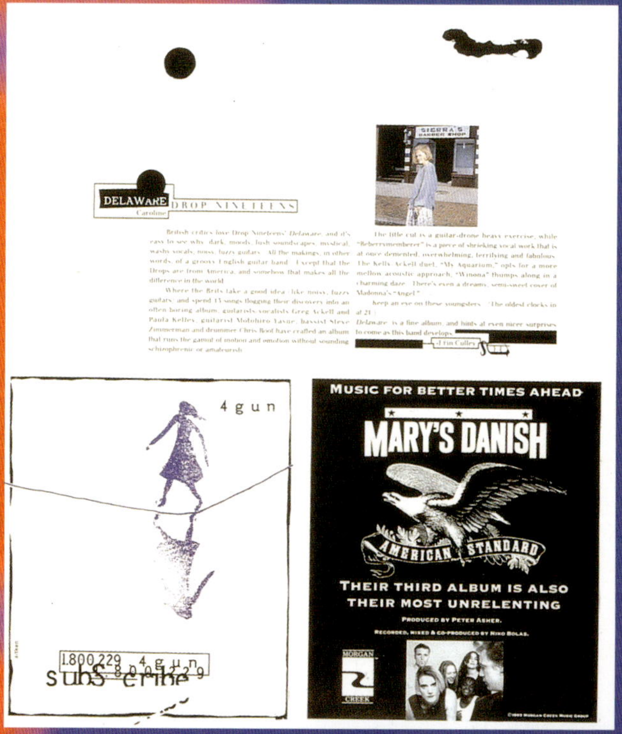
DELAWARE
DROP NINETEENS
-Erin Culley
4gun
1.800.229 4gun
subscribe
MUSIC FOR BETTER TIMES AHEAD
MARY'S DANISH
AMERICAN STANDARD
THEIR THIRD ALBUM IS ALSO THEIR MOST UNRELENTING
PRODUCED BY PETER ASHER.
RECORDED, MIXED & CO-PRODUCED BY NIKO BOLAS.
MORGAN CREEK

Superchunk, 1993.< links oben

Trotz des Ausschneidens der Überschrift aus den Textspalten bleibt der Artikel noch weitgehend lesbar. Foto Michael Halsband

Perry Farrell, 1993.>

Das großartige Foto von Merlyn Rosenberg ist zweimal abgebildet, auch das rote Abziehbild wiederholt sich auf der nächsten Seite.

UK techno music, 1993.< links unten

Das Layout spielt mit Gefühlskontrasten zur Musik. Fotos [von l nach r] Rex Features, Liz Tobias

< links, unten rechts

Nullnummer, 1992. Blutspuren von einem Schnitt in den Finger beim Montieren wurden als Gestaltungsmotiv ins Layout einbezogen.

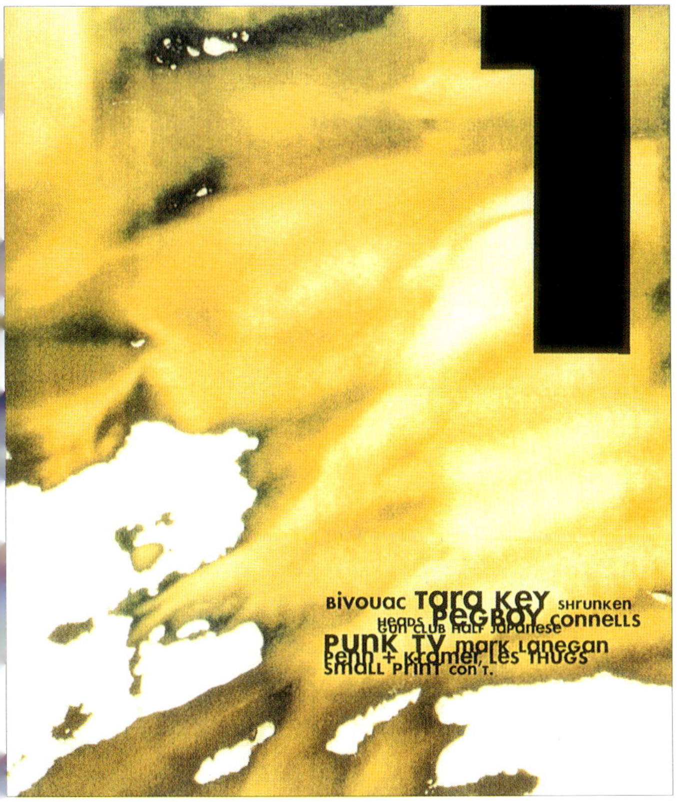

13. Ausgabe, Inhaltsangabe, 1994. Illustration Heidi Nelms

< Teenage fan club, 1993.
Fotos Colin Bell

Songs In the Key Of Life, 1994.
Foto Alan Messer >

Ray Gun, Ausgabe 22
Porträt keith Richards
Foto alan Messer

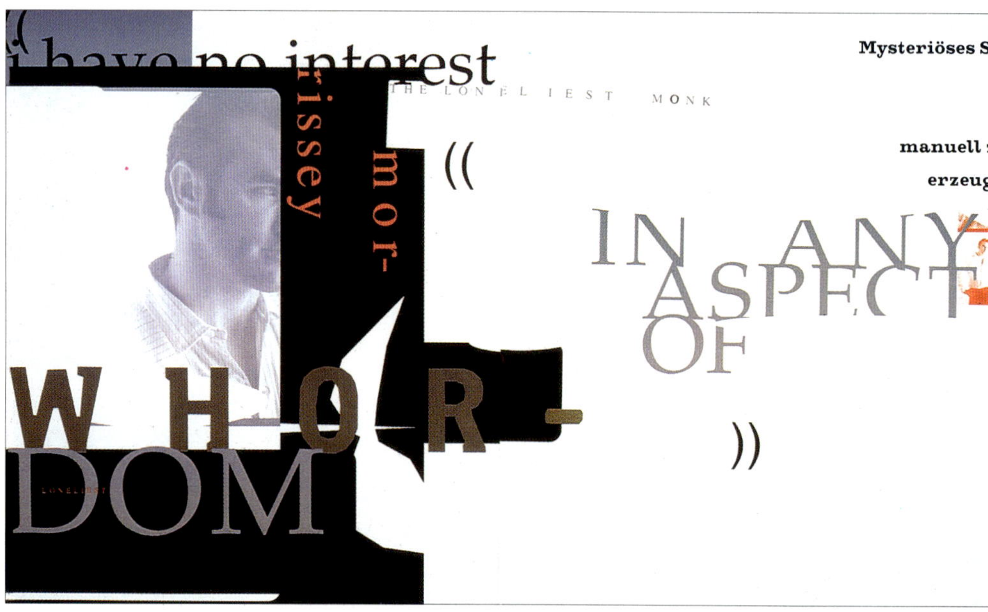

< Morrissey, 1994.
Mysteriöses Schriftbild
für geheimnisvollen Künstler
Ausgabe 14 war das erste, nicht mehr manuell zusammengeklebte, sondern total digital erzeugte Heft von Ray Gun und Ausgangspunkt für spätere Farbexperimente.
Foto Chris Cuffaro

Cocteau Twins, 1993.
Foto Mary Scanlon >

< The Fall, 1993.
Foto Colin Bell

Kate Bush, 1993.
Artwork Ed Garcia >

Songs in the key of life

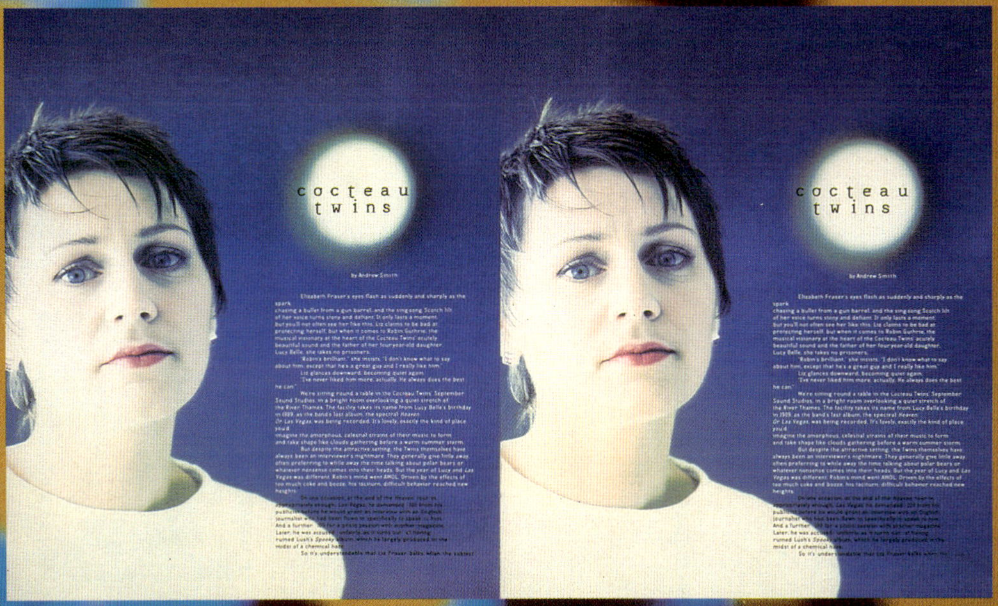
cocteau twins
cocteau twins

KATE
B
SYSTEM
UTMOST
SERVIC
Of course, if such treatment you can't endure,
You'd better stay home where you'll be secure.

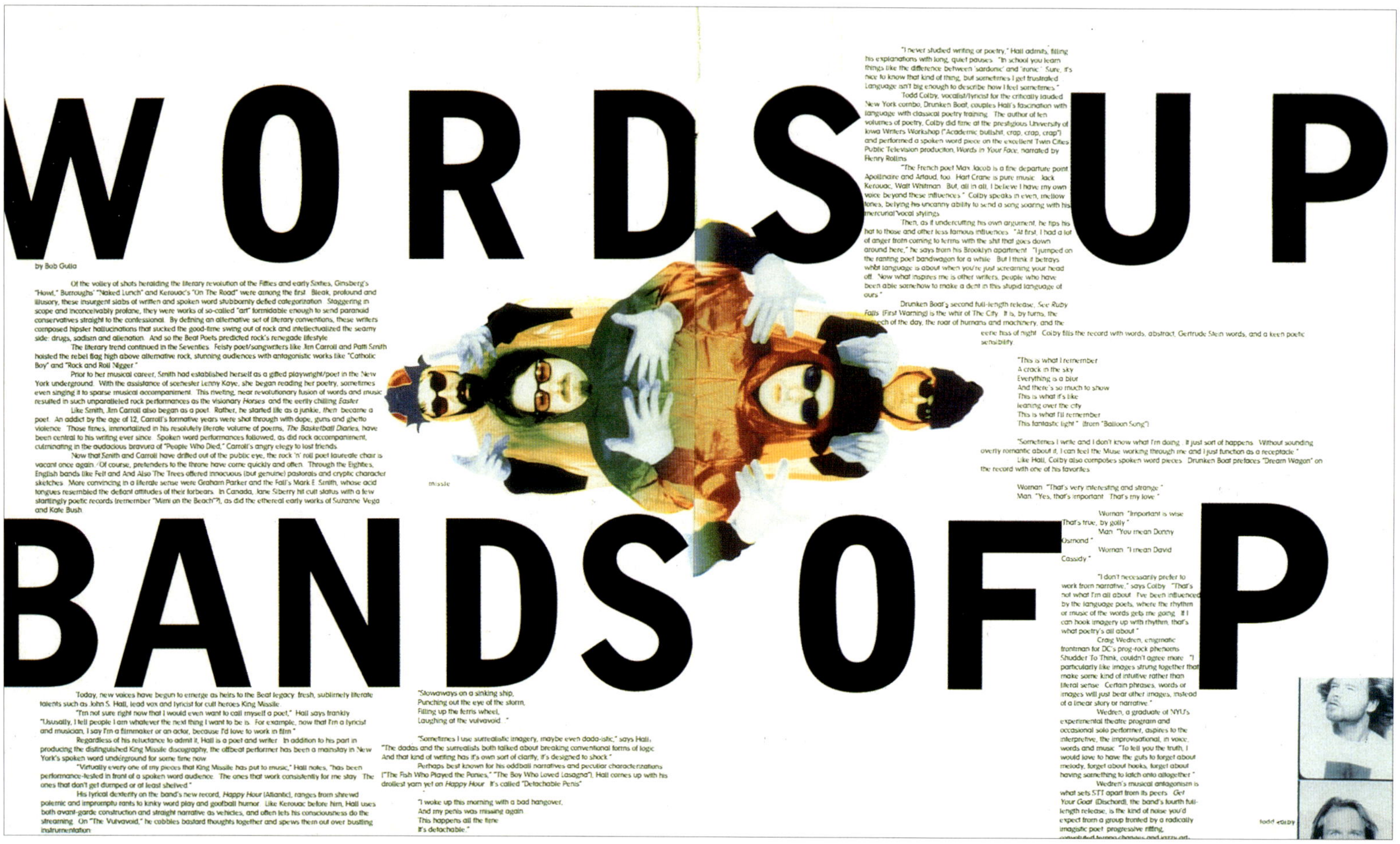

WORDS UP BANDS OF P

by Bob Gulla

Of the volley of shots heralding the literary revolution of the Fifties and early Sixties, Ginsberg's "Howl," Burroughs' "Naked Lunch" and Kerouac's "On The Road" were among the first. Bleak, profound and illusory, these insurgent slabs of written and spoken word stubbornly defied categorization. Staggering in scope and inconceivably profane, they were works of so-called "art" formidable enough to send paranoid conservatives straight to the confessional. By defining an alternative set of literary conventions, these writers composed hipster hallucinations that sucked the good-time swing out of rock and intellectualized the seamy side: drugs, sadism and alienation. And so the Beat Poets predicted rock's renegade lifestyle.

The literary trend continued in the Seventies. Feisty poet/songwriters like Jim Carroll and Patti Smith hoisted the rebel flag high above alternative rock, stunning audiences with antagonistic works like "Catholic Boy" and "Rock and Roll Nigger."

Prior to her musical career, Smith had established herself as a gifted playwright/poet in the New York underground. With the assistance of scenester Lenny Kaye, she began reading her poetry, sometimes even singing it to sparse musical accompaniment. This riveting, near revolutionary fusion of words and music resulted in such unparalleled rock performances as the visionary *Horses* and the eerily chilling *Easter*.

Like Smith, Jim Carroll also began as a poet. Rather, he started life as a junkie, *then* became a poet. An addict by the age of 12, Carroll's formative years were shot through with dope, guns and ghetto violence. Those times, immortalized in his resolutely literate volume of poems, *The Basketball Diaries*, have been central to his writing ever since. Spoken word performances followed, as did rock accompaniment, culminating in the audacious bravura of "People Who Died," Carroll's angry elegy to lost friends.

Now that Smith and Carroll have drifted out of the public eye, the rock 'n' roll poet laureate chair is vacant once again. Of course, pretenders to the throne have come quickly and often. Through the Eighties, English bands like Felt and And Also The Trees offered innocuous (but genuine) pastorals and cryptic character sketches. More convincing in a literate sense were Graham Parker and the Fall's Mark E. Smith, whose acid tongues resembled the defiant attitudes of their forbears. In Canada, Jane Siberry hit cult status with a few startlingly poetic records (remember "Mimi on the Beach"?), as did the ethereal early works of Suzanne Vega and Kate Bush.

Today, new voices have begun to emerge as heirs to the Beat legacy: fresh, sublimely literate talents such as John S. Hall, lead vox and lyricist for cult heroes King Missile.

"I'm not sure right now that I would even want to call myself a poet," Hall says frankly. "Ususally, I tell people I am whatever the next thing I want to be is. For example, now that I'm a lyricist and musician, I say I'm a filmmaker or an actor, because I'd love to work in film."

Regardless of his reluctance to admit it, Hall is a poet and writer. In addition to his part in producing the distinguished King Missile discography, the offbeat performer has been a mainstay in New York's spoken word underground for some time now.

"Virtually every one of my pieces that King Missile has put to music," Hall notes, "has been performance-tested in front of a spoken word audience. The ones that work consistently for me stay. The ones that don't get dumped or at least shelved."

His lyrical dexterity on the band's new record, *Happy Hour* (Atlantic), ranges from shrewd polemic and impromptu rants to kinky word play and goofball humor. Like Kerouac before him, Hall uses both avant-garde construction and straight narrative as vehicles, and often lets his consciousness do the streaming. On "The Vulvavoid," he cobbles bastard thoughts together and spews them out over bustling instrumentation.

"Stowaways on a sinking ship,
Punching out the eye of the storm,
Filling up the ferris wheel,
Laughing at the vulvavoid..."

"Sometimes I use surrealistic imagery, maybe even dada-istic," says Hall. "The dadas and the surrealists both talked about breaking conventional forms of logic. And that kind of writing has it's own sort of clarity, it's designed to shock."

Perhaps best known for his oddball narratives and peculiar characterizations ("The Fish Who Played the Ponies," "The Boy Who Loved Lasagna"), Hall comes up with his drollest yarn yet on *Happy Hour*. It's called "Detachable Penis".

"I woke up this morning with a bad hangover,
And my penis was missing again.
This happens all the time.
It's detachable."

"I never studied writing or poetry," Hall admits, filling his explanations with long, quiet pauses. "In school you learn things like the difference between 'sardonic' and 'ironic.' Sure, it's nice to know that kind of thing, but sometimes I get frustrated. Language isn't big enough to describe how I feel sometimes."

Todd Colby, vocalist/lyricist for the critically lauded New York combo, Drunken Boat, couples Hall's fascination with language with classical poetry training. The author of ten volumes of poetry, Colby did time at the prestigious University of Iowa Writers Workshop ("Academic bullshit, crap, crap, crap") and performed a spoken word piece on the excellent Twin Cities Public Television production, *Words in Your Face*, narrated by Henry Rollins.

"The French poet Max Jacob is a fine departure point. Apollinaire and Artaud, too. Hart Crane is pure music. Jack Kerouac, Walt Whitman. But, all in all, I believe I have my own voice beyond these influences." Colby speaks in even, mellow tones, belying his uncanny ability to send a song soaring with his mercurial vocal stylings.

Then, as if undercutting his own argument, he tips his hat to those and other less famous influences. "At first, I had a lot of anger from coming to terms with the shit that goes down around here," he says from his Brooklyn apartment. "I jumped on the ranting poet bandwagon for a while. But I think it betrays what language is about when you're just screaming your head off. Now what inspires me is other writers, people who have been able somehow to make a dent in this stupid language of ours."

Drunken Boat's second full-length release, *See Ruby Falls* (First Warning) is the whir of The City. It is, by turns, the ...ch of the day, the roar of humans and machinery, and the eerie hiss of night. Colby fills the record with words, abstract, Gertrude Stein words, and a keen poetic sensibility.

"This is what I remember
A crack in the sky
Everything is a blur
And there's so much to show
This is what it's like
leaning over the city
This is what I'll remember
This fantastic light." (from "Balloon Song")

"Sometimes I write and I don't know what I'm doing. It just sort of happens. Without sounding overly romantic about it, I can feel the Muse working through me and I just function as a receptacle."

Like Hall, Colby also composes spoken word pieces. Drunken Boat prefaces "Dream Wagon" on the record with one of his favorites.

Woman: "That's very interesting and strange."
Man: "Yes, that's important. That's my love."

Woman: "Important is wise. That's true, by golly."
Man: "You mean Donny Osmond."
Woman: "I mean David Cassidy."

"I don't necessarily prefer to work from narrative," says Colby. "That's not what I'm all about. I've been influenced by the language poets, where the rhythm or music of the words gets me going. If I can hook imagery up with rhythm, that's what poetry's all about."

Craig Wedren, enigmatic frontman for DC's prog-rock phenoms Shudder To Think, couldn't agree more. "I particularly like images strung together that make some kind of intuitive rather than literal sense. Certain phrases, words or images will just bear other images, instead of a linear story or narrative."

Wedren, a graduate of NYU's experimental theatre program and occasional solo performer, aspires to the interpretive, the improvisational, in voice, words and music. "To tell you the truth, I would love to have the guts to forget about melody, forget about hooks, forget about having something to latch onto altogether."

Wedren's musical antagonism is what sets STT apart from its peers. *Get Your Goat* (Dischord), the band's fourth full-length release, is the kind of noise you'd expect from a group fronted by a radically imagistic poet: progressive riffing, ...

Words Up: Band Of Poets/Great Expectations 1993. Die Doppelseiten folgen in Überschriften und Tex

einander wie Filmszenen, wobei die einzelnen Artikel im Layout nahtlos ineinander übergehen.

Gespräch in Venedig zwischen David Carson und Lewis Blackwell

photos dc

lewis blackwell

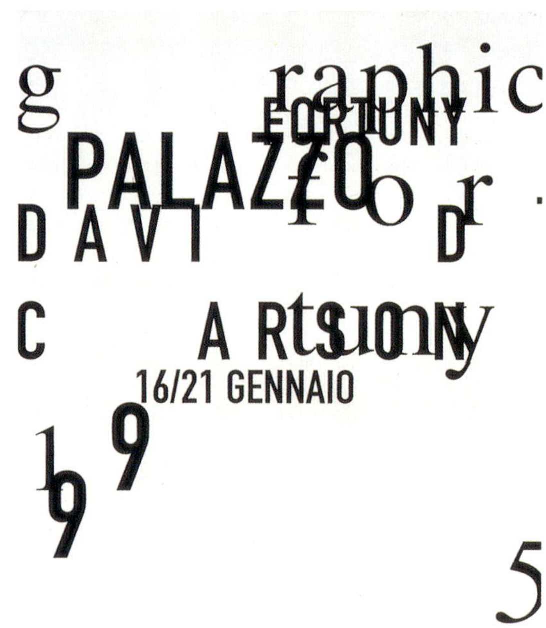

plakat für venice workshop. d c

22 Januar 1995
Pensione Accademia
Venedig, Italien

Lewis Blackwell Ray Gun soll ein neues Aussehen bekommen...

David Carson Über einen noch nicht abgeschlossenen Prozeß vor laufendem Tonband zu sprechen, fällt mir immer etwas schwer. Es gibt schon Überlegungen in dieser Richtung, aber auch noch eine Menge Probleme, die ich noch nicht gelöst habe. Eines steht jedoch fest: Ray Gun wird für mich ständig eine nicht endende Herausforderung bleiben.

L Soll alles beim Alten bleiben oder ist ein fundamentales Re-Design in Sicht? Wird die Zeitschrift nicht sowieso jeden Monat von Grund auf neu gestaltet?

D Da ist was dran. Auf der einen Seite stimmt diese Beobachtung, auf der anderen wieder nicht: Es gibt nämlich auch so etwas wie eine bestimmte Vorhersehbarkeit des Unvorhersehbaren. Das ist mir inzwischen klar. Vielleicht wäre gerade deshalb ein Wechsel gut. Außerdem kopieren ohnehin bereits viele Zeitschriften mein Prinzip des permanenten Wandels. Generell möchte ich wieder einfacher werden. Es wäre naheliegend, nicht nur das Format, sondern alles zu ändern und genau das Gegenteil der bisherigen Strategie zu verfolgen. Das hat ja auch Neville Brody mit seinem reduzierten Konzept für Arena durchgezogen, nachdem er mit Face Erfolg hatte. Aber so etwas ist eigentlich zu simpel, zu einfallslos und der Ray Gun-Philosophie gegenüber viel zu konterproduktiv.

L Würde unter einer totalen Umgestaltung nicht das gesamte Projekt leiden?

D In gewisser Hinsicht, ja. Ursprünglich hatte ich die Überlegung, Farben, Formen und Texturen ganz anders zu betonen und dadurch die Rolle der Typografie etwas zurückzudrängen.

L In Deinem Workshop gestern hast Du dieses Prinzip ja als Aufgabe gestellt. Da sollten Deine Studenten Buchstaben entwickeln und mit den Buchstaben sich selbst und ihre Persönlichkeit darstellen. Dann sollten sie mit Farbe visualisieren, wie sie sich in zehn Jahren sehen. Während der Korrektur hast Du versucht, ihnen klarzumachen, daß Du zunächst nur schwarze Buchstaben benutzt und das Zeichenhafte stärker als die Farbgebung in den Vordergrund stellst. Die Farbe scheint für Dich demnach nicht der primäre Schritt zu sein. Hast Du vor, das zu ändern?

D Ich möchte nicht behaupten, daß ich etwas gegen Farbe habe. Nur war der Einsatz von Farbe bislang nie meine größte Stärke. Vielleicht fasziniert es mich deshalb jetzt besonders. Ich versuche nun, sie als geeignetes Element bei einem erweiterten Aussagespektrum einzusetzen. Wahrscheinlich bin ich momentan gerade dabei, die Rolle der reinen Typografie ein wenig herunterzuspielen. Man muß eben mehr auf das Ganze schauen, und Farbe ist ein wesentlicher Bestandteil. Doch bin ich nach wie vor der Ansicht, daß man alle typografischen Probleme zunächst in Schwarz und Weiß lösen können muß. Schwarze Buchstaben auf weißem Papier bleiben für mich die größte Herausforderung.

L Gibt es dafür einen Grund? Deine Arbeit - von den ersten Zeitschriften bis zu den bewegten Werbespots - ist ein Erkundungsprozess in Sachen Typografie. Selbst, wenn Du Aufträge an andere vergibst, konfrontierst Du das Werk der anderen, so frei es auch gestaltet ist, letztendlich mit Deiner typografischen Handschrift. Ist die Typografie denn das Zentrum, das Gerüst Deines Schaffens?

D Das ist eigentlich eine zu einseitige Beurteilung. Viele meiner Arbeiten leben auch von der eigenartigen Auswahl der Fotos, der Ausstrahlung und Wirkung von Kunstwerken, von der Spannung aus kontrastreichen Gegenüberstellungen, von individuell gestalteten Überschriften und Zwischentiteln. Aber all das hat immer untrennbar etwas mit Schrift zu tun. Auf diese komplexe Arbeitsweise kam ich zuerst beim Skateboard Magazine, wo ich immer nur auf vorhandenes Material zurückgreifen konnte. Ich mußte damals interessante Layouts aus eigentlich langweiligen Fotos und vorgegebenen Illustrationen entwickeln. Wenn das nicht zufriedenstellend ausfiel, bin ich auf die Wirkung von zunächst beiläufigem Originalmaterial wie Begleitbriefe, Manuskripte und Fotokopien ausgewichen. Solche peripheren Dokumente, die mit dem eigentlichen Bildmaterial eingereicht wurden, hatten oft etwas viel Aussagekräftigeres an sich als die Fotos. Dieses Arbeitsprinzip habe ich bis heute beibehalten. Deshalb glaube ich, daß Schrift in meinen Layouts nicht unbedingt vorrangig ist, sondern daß die anderen Stilmittel eher unterschätzt werden. Ein zentrales Thema meiner Arbeit ist die Gesamtkomposition. Wenn ich mit Fotos arbeite, suche ich stets nach aussagekräftigen Elementen in den Fotos. Im Idealfall setze ich dann alle Elemente - vom Fotoausschnitt bis zur Schriftgestaltung - ganzheitlich ein, um eine optimale Lösung zu finden. Mein aus dem Rahmen fallender Umgang mit der Schrift läßt natürlich die Schlußfolgerung zu, daß sie im Vordergrund steht. Heute richtet sich das Interesse immer stärker auf die Typografie. Jeder, der an einem Computer arbeitet, muß sich notgedrungen mit Schrift auseinandersetzen. So macht er also bewußt oder unbewußt seine Erfahrungen mit der Typografie.

L Inhalt und Texte hast Du oft in eine schockierende und provozierende Form gebracht. Dabei wurden die Inhalte angeblich in den Hintergrund gestellt. Das behaupten zumindest die Kritiker, die Dich als respektlos bezeichnen, wenn es um eine getreue Inhaltsvermittlung geht. Hast Du vor, diese herkömmliche Balance zwischen grafischer Gestaltung und Text zu verändern? Oder hast Du vor, eine neue Synthese von Grafiker und Autor aufzubauen - one common end in the making of the message?

D Im Idealfalle, ja. Genau das ist mein Zielvorstellung, und genau dahin gehen alle meine Intensionen. Es ist zwar noch eine Vision, die Menschen in verschiedenen Städten zusammenzuführen, aber über Internet und E-mail wird sich die Situation bald radikal verändern.

<typografie-workshop, school of visual arts, new york, 1994.

L Wenn es um die Gestaltung der Headlines geht, bist Du dann als Grafiker nicht bereits so etwas wie ein Textredakteur?

D Ja. In dieser Richtung habe ich im Laufe der Zeit schon viel getan. Ich mußte von der Unterüberschrift bis zur Headline vieles nicht nur gestalten, sondern auch texten. Ich kümmere mich von Anfang an um die Texte. Das widerspricht diametral dem gängigen Vorurteil, daß ich Texte nicht respektieren würde. Im Gegenteil, zuerst kommt der Text und dann beginne ich mit meiner visuellen Interpretation. In diesem Punkt fühle ich mich dem Autor und Leser gegenüber verpflichtet.

L Hat die bildmäßige Betonung von Textpassagen, der unberechenbare Einsatz durch Illustrationselemente und der Einfluß anderer Stilelemente, die aus der elektronisch generierten Jugendkultur kommen, inzwischen auch die konservativ eingestellten Redaktionen beeinflußt? Läßt sich in dieser Richtung eine Veränderung in den Mainstream-Zeitungen ablesen?

schrift-workshops in Italien und Neuseeland. fotos dc

D Absolutely! Eine Neuorientierung des Verhältnisses zur Visualität hat unsere Kultur auf breiter Front erfaßt. Die Führungsrolle bei dieser Revolution hat das experimentelle Grafikdesign in Zeitschriften und TV-Commercials, auf CD-Covers und in Videospielen übernommen. Bereiche, von denen man vor fünf Jahren noch keine Ahnung hatte, sind heute die Lieferanten für Stilelemente, selbst in den großen Massenmedien. Ein ganz neues Denken in puncto Typografie, neue Bezüge und eine Menge individueller Schriften sind entstanden. Harmoniert die Darstellung mit dem Inhalt, ist der Kommunikationseffekt optimal. Da vertreten viele Leute die gleiche Meinung wie ich.

L Du hast mit der These Furore gemacht, man sollte Lesbarkeit nicht mit Verständlichkeit verwechseln. Kleben die Leute in puncto Lesbarkeit an Klischees?

D Lesbarkeit ist doch keine Garantie für ein optimales Verständnis. Das kann doch gerade das Falsche übermitteln. Konservative Buchtitel, Lexika, die junge Leute gar nicht anfassen würden, könnten vollkommen anders gestaltet sein. Publikationen haben optisch oft die falsche Botschaft oder aber eine viel zu schwache. Wesentlich wichtiger als reine Lesbarkeit sind doch Emotionen. Für mich jedenfalls.

L Zeitgeist spielt bei Dir eine große Rolle. Schielst du auf das Populäre, das ein möglichst großes Publikum anturnt?

MIS- DON'T
LEGI- TAKE
FOR BILITY
ICATION. COMMUN

D Ich sitze nicht herum und überlege mir, was die Generation X anturnt. Ich mache das, was meiner Meinung nach für das jeweilige Projekt richtig ist.

L Du bringst oft ganz Persönliches. Das erinnert eher an einen Künstler als an jemanden, der straight seinen Job macht. Du brichst mit der Vorstellung, daß Design ein objektiver Prozeß ist und baust einen faszinierenden Mythos auf. Was bringst Du ein?

D Meine ganz persönliche und auf Interpretation bedachte Haltung. Das macht am Ende die Sache spannend. Um das zu erreichen, kannst man nicht stur formalen Regeln folgen. Ich setze meine Intuition ein, und ich suche bereits nach einer Umsetzung, während ich lese. Dabei ist es wichtig, daß ich nicht danach suche, was „man" sehen will.

L Du zeigst also das, was Du zunächst ganz persönlich zeigen willst?

D Ja. Wenn man sich nicht persönlich einbringt, ist das tödlich und außerdem sehr langweilig. Weil sich viele Designer vor dem eigenen Engagement scheuen, gibt es soviel belangloses und sachliches Zeug. Man hat mir den Vorwurf gemacht, meine Arbeit sei selbstgefällig. Diesem Vorwurf kann ich nur begegnen, indem ich sage, ich hoffe, sie ist es wirklich. Nur so bekommt man die starken Ergebnisse. Die Leute bewerten solche Vorwürfe als Negativum. Ich sehe das anders. Ich möchte jedenfalls nicht mit Leuten zusammenarbeiten, die bei ihrer Arbeit nicht leidensfähig sind, keine eigene Meinung haben und nicht bereit sind, immer nur ihr Bestes zu geben. Ich brauche das persönliche Engagement, sonst könnte ich statt Künstlern auch nüchterne Techniker engagieren.

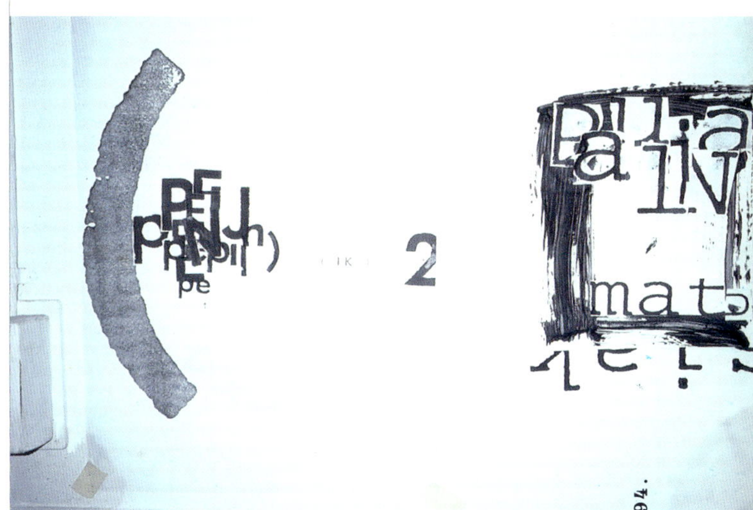

Schrift-Workshop mit Studenten, Den Haag, 1994.

L Hälst Du Dich für einen klassischen Grafiker oder für etwas anderes?

D Ich sehe mich als Grafiker, aber gleichzeitig auch als Künstler. Die gleiche Qualität und Polarität suche ich auch bei Fotografen, Illustratoren und anderen Kollegen, mit denen ich zusammenarbeite. Warum sollte grafisches Design nicht wie ein Kunstwerk zu uns sprechen. Und das Publikum spielt bei meinen Arbeiten eine mindestens so wichtige Rolle. Ich möchte das zwar nicht überbetonen, doch sollte man die Rolle seines Publikums nie unterschätzen. Meine Arbeit ist zwar zunächst ganz individuell und nur auf mich allein bezogen, richtet sich aber gleichzeitig an ein großes Publikum, wodurch sie erneut definiert wird.

L Bekommt denn Deine Arbeit aus dem Publikumsbezug ihre Aura? Lebt sie erst dadurch?

D Absolutely. Plötzlich fand meine freie, intuitive und didaktische Arbeitsweise in Beach Culture und Ray Gun ein Publikum, das meine Offenheit und Experimentierfreude schätzt und nachvollzieht. Das Publikum bekennt sich regelrecht zu meiner Art, die Dinge so wie ich zu sehen und zu gestalten.

L Deine Idee, Dinge nie zweimal zu machen, bestätigt den Einfluß von Eigenschaften aus Nachbardisziplinen wie der bildenden Kunst, die ja auch subjektiven Unikat-Charakter hat. Aus der Sozialwissenschaft und aus anderen Wissenschaften ist der permanente Zweifel an der Gültigkeit festgeschriebener Regeln als Zeitphänomen schon bekannt. In diesen Bereichen werden Fragen höher gehandelt als Antworten. Mein spekulatives Fazit: Auch im Grafikdesign sind glatte Verpackungen und definitive Antworten out, was auch die Geisteshaltung der Designwelt langfristig beeinflussen wird. Dennoch scheint mir die Gesamtszene der Grafik heute immer noch nicht so frei, diesem Zeitgeist zu folgen. Die Bürde der Normen regiert noch viel zu sehr in die Gestaltungspraxis hinein. Schweizer Schule und der daraus abgeleitete internationale Stil bestimmen nach wie vor die Erscheinungsbilder der angewandten Schriftgestaltung - von der Airportgrafik bis zum Buchdesign. Das reduktive Prinzip herrscht bis zum letzten Punkt vor und legt fest, wie eine vorgegebene Aufgabe zu lösen ist und was am besten in die visuelle Darstellung eines Unternehmens paßt.

D Du sprichst da ein wichtiges Phänomen an. Dazu meine ich, daß die Zukunft des Grafikdesigns nicht aus der grafischen Tradition, sondern von außerhalb kommen wird. Die Revolte kommt von außen. Unbewußt spielt sicher das Bedürfnis nach Anarchie eine große Rolle. Sie verträgt sich nämlich nicht mit den kodifizierten Regeln, von denen auch ich nicht viel halte. Obwohl wir in dieser neudefinierten Disziplin fähige Leute und Freiheiten haben, konnten sich Zeitungen, Bücher und Zeitschriften nicht dazu durchringen, generell ihr herkömmliches Erscheinungsbild abzulegen. Und der Computer unterstützt mit seinen Standardprogrammen die schematische Aufteilung in Spalten, Absätze und Überschriften. Alles fällt der Systematisierung zum Opfer, obwohl wir heute im Grafikbereich ungeahnte Möglichkeiten und sogar die technischen Mittel dazu haben, um Kreativität und avantgardistische Gesinnung ungehindert und hemmungslos zum Ausdruck zu bringen.

L Vielleicht agierst Du deshalb so forsch, weil Du nie eine klassische Designausbildung absolviert hast. Du hast Soziologie studiert und danach eine Lehrtätigkeit ausgeübt, bevor Du Dich als Autodidakt mit Gestaltungsproblemen in einer sich ändernden Mediengesellschaft auseinandergesetzt hast. Ohne eine akademische Ausbildung ist es sicher leichter, Regeln zu negieren, die Dich nie belastet haben. Hat Dir im Endeffekt ein gesellschaftlich orientiertes Studium mehr gebracht?

D Wenn ich Design studiert hätte, dann würde ich sicher nicht dort stehen, wo ich heute bin.

David Carson

S U R F B O A R D S

Logo für David Carson-Surfboards von Peter Spacek. Der Profisurfer Carson war damals noch weit davon entfernt, Grafikdesigner zu werden.

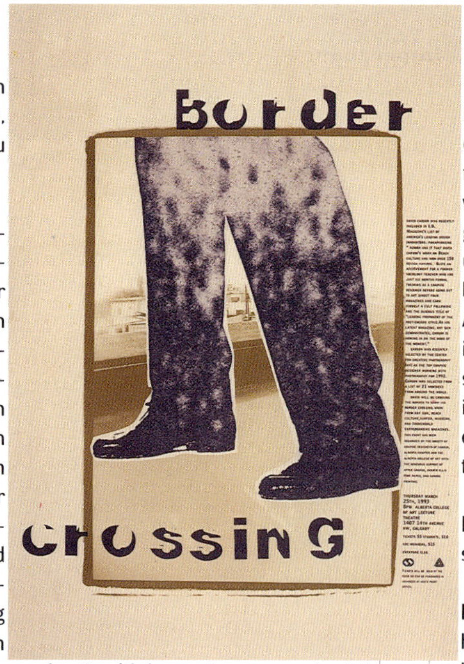

Plakat, 1995. dc

Ich habe nichts gegen eine akademische Ausbildung, meine aber, daß sie das empirische Interesse blockiert. Als ich anfing, mich mit Grafik zu beschäftigen, war ich wie besessen und schaute weder nach rechts noch nach links. Alle persönlichen Beziehungen gingen in die Brüche, und selbst meine Gesundheit fing an, unter dem Stress zu leiden. Es spielt keine Rolle, ob ich Regeln breche, sondern, daß ich aus scheinbar fremden Ansätzen meine Arbeit aufgebaut habe. Ich gehe Dinge ganz emotional an. Wenn ich in einem Buch oder in einer Zeitschrift blättere, möchte ich sinnlich angesprochen werden. Nach diesem Kriterium beurteile ich alles. Ich möchte den Atem anhalten können, etwas entdecken, etwas erfinden. So schaue ich auch aus dem Fenster, und so beurteile ich Arbeiten bei einem Grafik-Wettbewerb.

L Welche wichtigen Erkenntnisse hast Du durch Dein Soziologiestudium gewonnen?

D Wir sollten immer tun, wonach uns ist. Und wenn wir ein Ziel haben, sollten wir es konsequent verfolgen. Als ich Soziologie lehrte, war das meine Botschaft, von der ich heute selbst profitiere. Man sollte versuchen, soviele Leute wie möglich zu erreichen, selbst noch mit einem furchtbar geschriebenen Artikel, den man durch ein ansprechendes Layout aufbessern und attraktiv machen kann. Aber dabei wollte ich es nicht bewenden lassen. Eine meiner schönsten Erfahrungen mit Beach Culture war, daß mit einem neuen Redakteur plötzlich Text und Design ebenbürtig wurden. Da kam Kraft auf. Die Sache war kreativ, intuitiv und befriedigend. Ich weiß immer noch nicht, was an einer solchen Allianz und ihren künstlerischen Folgen schlecht sein soll.

L Schlecht oder nicht. Deine Arbeit kommt so ganz anders daher als das, was die Leute von Design erwarten. Im Wörterbuch steht nur eine vage und nichtssagende Umschreibung: Design sei etwas Vergängliches, verleihe einer Botschaft oder einem Ding eine Form. „Design does seem to involve shaping a message or an object, usually for a third party, and around this various conventions have grown up, giving it pretensions to being a very soft kind of science, mixed up with ideas of art."

D Grafik ist sehr intuitiv. Ich weiß, zum Beispiel, selbst nie so recht, weshalb ich so selten Dinge auf Mitte stelle, wie ich meine Schwerpunkte verteile und wie ich Fotos plaziere. Vielleicht ist es gerade der künstlerische Einfluß, daß ich die einzelnen Elemente solange in Bewegung halte, bis ich sehe, wie sie funktionieren und wo sie hinpassen. Es ist ein besonderes Gespür nötig, das man einfach haben muß. Durch ein formales Training kann es leicht verdeckt werden. Wenn ich beipielsweise in einer Textspalte ein Wort umdrehe, resultiert das gefühlsmäßig aus dem Arbeitsprozeß und nicht aus einer theoretischen Überlegung. „The guy who took my picture for an Italian newspaper today knew what he was doing with me, he left all this space next to me. That just kind of came across. Maybe it is the art part of me that means I move the elements until suddenly I can see it works."

L Kann man Dich als eine Art naiven Künstler bezeichnen halten, der alles anders macht, nur weil er es nicht besser weiß?

D Gewiß nicht. Ich denke, ich mache die Dinge schon richtig. Sie sind für mich in Ordnung, wenn mir mein Gefühl sagt, daß sie es sind. Ich möchte nicht naiv sein und vorgeben, ich wäre unbedarft. Dazu habe ich zu lange in professionellen Teams gearbeitet und alle nur möglichen Anordnungen befolgen müssen. Aus dieser Zeit weiß ich, wie man Texte anlegt, und wie man Initialen an den Anfang einer Geschichte setzt. Als ich sechs Monate lang auf einer Gewerbeschule

Veranstaltungsplakat, Museum Fortuny, Foto Paolo Utimpergher

Grafik studierte, mußten wir Enten zeichnen und wurden nur danach beurteilt, wie genau wir die Federn darstellen konnten. Ich hatte weder Lust, noch machte ich mir die Mühe, die Federn einzeln auszumalen. Ich rahmte das Bild dick schwarz und exzentrisch ein, und mein damaliger Dozent lehnte diesen "graphic stuff" prompt ab. Dieser grafische „Faux pas" von mir hängt heute gerahmt im Hause meiner Eltern. Das Feeling für grafische Wirkungen kann man niemandem beibringen, nur, was im Moment ankommt. Das ist die Meinung eines meiner Dozenten, den ich am meisten respektiere.

L Was ist der Unterschied zwischen der Fähigkeit, etwas zu gestalten und der technischen Fähigkeit, grafisches Design über Computerprogramme zu machen?

D Der Unterschied ist sozusagen tricky. Auch ich könnte schöne Broschüren so gestalten, daß man sie gut lesen kann. Das Leben ist aber zu kurz, um so langweilige Dinge zu tun. Ich gehe lieber meinen Interessen nach, die durch meine Arbeit immer neu definiert werden. Ich reise gerne und halte selbst unbezahlt Vortäge. Das ist für mich Leben und Entwicklung. Ich muß immer etwas Neues tun. Meine wirkliche Lehrzeit war die Arbeit für Transworld Skateboarding. Zweihundert Farbseiten pro Monat. Wenn ich etwas Besonderes schaffen wollte, mußte ich über mich selbst hinauswachsen und durfte mich nicht wiederholen. Ich mußte mir zwanghaft ständig etwas Neues einfallen lassen, denn keine Aufmacherseite sollte der anderen gleichen. Darin liegt der Schlüssel meiner Arbeit - bis heute.

L Und warum machst Du jetzt Werbung für Hamburger und ähnliche Produkte. Das sind doch wirklich keine grafischen Experimente?

D Ich denke, daß ich geschmeichelt war, als diese Leute aufgrund meiner experimentellen Arbeit zu mir kamen. TV-Spots sind zwar längst kein so ungebundenes Experimentierfeld wie Zeitschriften, aber in der Praxis komme ich auch hier der Sache schon recht nahe. Und doch ist alles so verschieden. Beach Culture ging nach zwei Jahren ein, und ich hatte einen Zusammenbruch. Jede freiberufliche Arbeit mußte ich während der Beach Culture-Zeit absagen. Sieben Tage schuftete ich ohne Gage, nur um die Möglichkeit des uneingeschränkten Experimentierfelds zu haben. Bei Transworld Skateboarding war das ähnlich. Ich zog es in meiner Studentenbude durch. Besessen, getrieben und fasziniert von echten kreativen Möglichkeiten. Inzwischen nehme ich gerne diese anderen Möglichkeiten wahr. Denn auch Werbung ist ein neuer Erfahrungshorizont und eine total andere Sprache. Für meine Mappe brauche ich bestimmt keine Zeitschriften mehr. Aber als Künstler habe ich ein Verlangen nach weiteren Erkenntnissen. Außerdem freut es mich, daß inzwischen Burgerketten, Banken und Jeanshersteller zu mir kommen. Allein schon um meinen Kritikern contra zu bieten, die mir immer noch irrationale Verücktheiten vorwerfen. Vielleicht beweisen es die Aufträge von Pepsi, Nike und Levi's, daß meine Arbeit doch nicht so hoffnungslos danebenliegt. Manch einer meiner Kritiker würde sicher nichts dagegen einzuwenden haben, solche Kunden bedienen zu können.

L Bei mir stellt sich die Frage, was aus Deiner Arbeit ohne radikale Inhalte werden soll. Was verbindet Dein Stil mit den wirtschaftlichen Absichten Deiner Kunden, mehr Hamburger zu verkaufen? Mußt Du Dir nicht den Vorwurf gefallen lassen, daß Du Deinen Stil wie einen Aufkleber verkaufst und zum umsatzsteigernden „Look" vermarkten läßt?

D Ich habe nie versucht, einen speziellen jugendorientierten Stil oder irgendeine Jugendmode zu schaffen, die den Konsum fördert. Weder in meiner Rolle als Art Director für Zeitschriften noch als Werbegrafiker. Ich kümmere mich in erster Linie um Inhalte und Formen, aber nicht um den stilistischen Appeal. Als Grafikdesigner ein besonderes Gewicht auf Stil zu legen, ist doch nicht mit einer negativen Designqualität gleichzusetzen. Die New Yorker Kritikerin Karrie Jacobs sagte einmal, daß man Stil wie eine profilierte und ausdrucksstarke Sprache einsetzen kann. Denn stupide eingesetzte oberflächliche Mittel sind zwangsläufig, schon wegen ihrer Oberflächlichkeit, zum Scheitern verurteilt.

L Willst Du damit sagen, daß Du als Grafikdesigner mit Deiner Arbeit keine Wertvorstellungen vermitteln willst? Daß Du nur eine Hülle für Wörter und Images anbietest?

D Du glaubst doch nicht etwa, daß ich Dir das abkaufe?

L Das habe ich auch nicht erwartet. Aber so kommen wir auf eine zentrale Frage. Was steht hinter dem Carson-Look? Bei vielen einflußreichen Designbewegungen wie Bauhaus und Schweizer Grafik war es die Suche nach einer strengen Ordnung und einer rigorosen Kontrolliertheit, die es bei Deiner Arbeit nicht gibt. Was steht bei Dir dahinter?

D Eine strenge und ordnungsorientierte Arbeitweise macht auf mich jedenfalls einen absolut irrationalen Eindruck. Was früher mal rational konzipiert war, erscheint heute doch bereits als irrationales Phantom. Bruno Monguzzi hat über dieses Phänomen auf dem Kongress gestern abend gesprochen. Er verwies darauf, daß die vorgebliche Rationalität der Raster in der Grafik oder die Verwendung anderer Aufteilungsschemen wirklich keinem Naturgesetz entsprechen. Saul Bass hat mir zu diesem Thema ebenfalls einmal eine köstliche Geschichte erzählt: Beim Entwerfen mißtraute er einfach den Rastereinteilungen. Deshalb hat er zu Beginn seiner Karriere die Raster immer erst nachträglich

Workshop-Ergebnisse, Aspen Design Konferenz, Colorado, 1994

broschüre für swatch, art direction dc, design craig allen und dc

über seinen Entwurf gelegt, weil er den Kunden seine Arbeit so besser verkaufen konnte. Kathy McCoc, die frühere Leiterin der Grafikklasse an der Cranbrook-Schule, vertritt die Meinung, daß wir uns die Dinge, mit denen wir uns längere Zeit beschäftigen müssen, auch besser einprägen würden. Vielleicht geben Dir die eben genannten Statements Aufschluß darüber, welche Vorstellungen hinter meiner Arbeitsweise stehen.

L Das Grafikdesign der Studenten von Cranbrook und CalArts sollen mit Deinen Arbeiten etwas gemeinsam haben. Ich denke, daß sich keiner von Euch auf den anderen beziehen würde, selbst heute, wo Du so viele Preise gewinnst und Hörsäle mit Deinen Vorträgen füllst. Dennoch gibt es Parallelen in einer Tendenz, die man mit dekonstruktivistisch umschreiben könnte. Ist das ein Zeitgeistphänomen?.

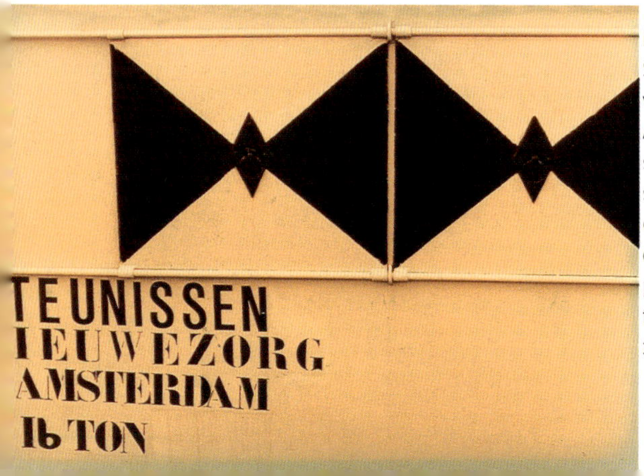

foto dc

D Zum ersten Mal bin ich mit dem Schubladenbegriff „Dekonstruktivismus" in einer Kritik über meine Arbeit konfrontiert worden. Inzwischen bin ich zehn Jahre im Zeitschriftenbusiness, und während dieser Zeit habe ich unendlich viel experimentiert. Das Gleiche fand parallel auf den Schulen statt. Der technologische Wandel ist ebenfalls ein wichtiger gemeinsamer Punkt. Ray Gun vergleicht man oft mit den Arbeiten, die aus diesen Schulen kommen. Doch finde ich, daß sie im Wesen ganz verschiedenartig und deshalb unvergleichbar sind. Wenn man Ray Gun oder alte Ausgaben von Beach Culture aufschlägt, springt einem eine sehr persönliche und sehr eigenwillige Handschrift entgegen. So etwas kann man nicht in einer Schule lernen. Die Zielprojektion meiner Arbeiten hat mit der Theorie und Praxis dieser Institutionen nichts gemeinsam. Vielleicht sind einige Seiten sogar zu individuell ausgefallen. Einige der immer wiederkehrenden Rubrikseiten, die nicht von mir, sondern von Mitarbeitern gestaltet wurden, sind nicht so konsequent durchgearbeitet. Vielleicht kommt dort etwas von einem Stilempfinden rüber, das einem Vergleich standhalten würde. Auch in der angewandten Technik und bei den eingesetzten Schriften kann es Ähnlichkeiten geben, die aber längst nicht den eigentlichen Nerv der Zeitschrift treffen.

L Vergleichbar bleiben die Arbeitsweise und das Klima, in dem das alles stattfindet. Und im modernen Medienzeitalter muß man ganz andere Aussagen machen als noch vor zwanzig Jahren. Wir sind von einer immer stärker werdenden Fernsehkultur umgeben. Computer, CD-Roms und das Internet spielen eine nicht zu unterschätzende Rolle, die keine lineare und logische Informationspräsentation mehr zuläßt. Wir befinden uns mitten im Informationsfluß und ahnen, wie er uns zu neuen Ufern trägt. Wir sind selbst Teil der in unserem Umfeld immer schneller steigenden Informationsflut, die auch die selbstbewußte Ordnung oder Unordnung in der neuen Grafik stimuliert. Oder etwa nicht?

D Der Designkritiker Ralph Caplan behauptet: „Ich experimentiere vor der Öffentlichkeit" - und das ist doch wohl die gefährlichste Arbeitsmethode überhaupt. Jedenfalls hat meine Arbeit nichts mit dem Elfenbeinturm zu tun, in dem Dozenten und Schüler tolle Arbeiten entwickeln, um sie gleich nach dem Examen wieder in der Schublade verschwinden zu lassen. In meinen Zeitschriften habe ich ein interessantes und aufgeschlossenes Forum, das ständig ein brisantes Interaktionsfeld zwischen mir und den Lesern erzeugt. Allein schon durch diese Tatsache hat das Medium, wie ich es betreibe, nichts mit der Arbeitsweise an einer Hochschule zu tun. Und dabei bin ich sicher nicht der Einzige, der spürt, wie schnell sich die visuelle Orientierung des Publikums verändert. Tatsache ist, daß weniger gelesen wird - ob das nun gut oder schlecht ist, mag ich nicht zu beurteilen - aber als Grafikdesigner muß ich auf diese Tatsache reagieren. Man kommuniziert heute bereits in einem Raum, in dem gleichzeitig CD-Rom's, Internet und Hunderte von Fernsehstationen auf die Menschheit einwirken. Einige, und zu dieser Gruppe zähle ich mich auch, haben sich bereits auf dieses brisante Umfeld eingestellt. Das ist zwar nicht das Zentrum meiner Arbeit, aber ein Einflußbereich, der seine Auswirkungen hat. Natürlich bin auch ich ein Produkt dieser Verschiebung der Paradigmen, die durch die Entwicklung in den Medien hervorgerufen wird. Die Medien prägen selbstverständlich auch mich. Ich werde von Ihnen bereits beeinflußt, bevor ich mich hinsetze und mit einem Layout beginne.

L Steht der Grafikdesigner heute im Schnittpunkt zwischen Konsument und Medien? Muß er zwischen Medien und Konsument eine Vermittlerrolle ausüben? Siehst Du darin vielleicht Deine Aufgabe?

D Ja. Mir fällt da eine Anekdote von einem Dozenten für Zeitschriftengestaltung aus Boston ein. Er hat meine frühen Artbeiten aus Transworld Skateboading als abschreckendes Beispiel unter dem Motto gesammelt: „How to confuse a reader". Aus irgendeinem Grund hat er diese Vorlesung jedoch nie gehalten und zog diese Blätter erst einige Jahre später wieder aus der Schublade. Plötzlich, meinte er, hätte er keine Probleme mehr gehabt, die Seiten zu verstehen. Für mich war das einer der besten Beweise, wie schnell sich in unserer schnellebigen Zeit Sichtweisen ändern können. Das passiert weltweit und nicht nur in Designklassen.

L Und was passierte hier bei dem Workshop in Venedig?

D That's Venice, Italy! Let me get off these rollerblades... and that's a nice tank-top you're wearing, by the way...

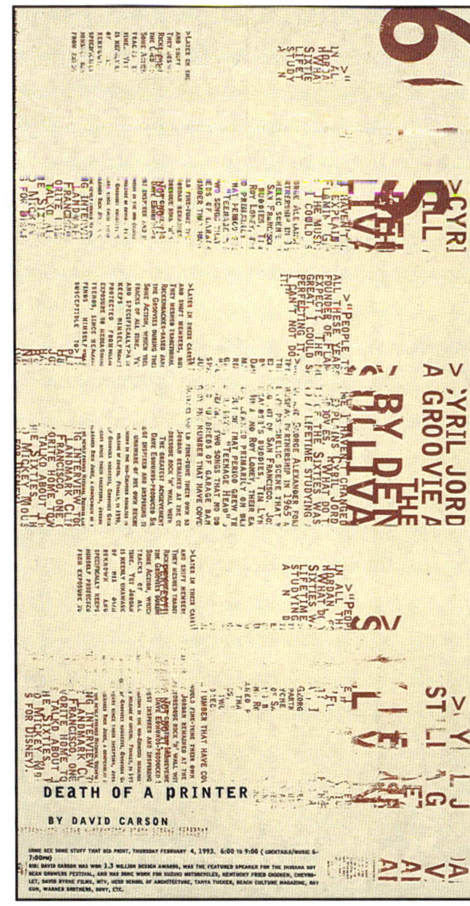

L Während des Workshops hast Du verschiedene Teilnehmer dazu angeregt, eine eigene Antwort auf die Frage zu finden, wo sie in zehn Jahren stehen werden. Das war nicht persönlich gemeint, sondern sollte sie lediglich mit der Problematik der sich ständig wechselnden Auffassungen in aufeinanderfolgenden Generationen konfrontieren. Dir scheint die heutige Umbruchsituation sehr bewußt zu sein, wie schnell sich alles ändert und im permanenten Wandel begriffen ist. Besonders die Einstellung zu den visuellen Kommunikationsmitteln unterliegt einem ständigen Erneuerungsprozess, vor dem auch Mutationen unseres Sprachverständnisses nicht haltmachen. Hast Du eine Ahnung oder eine klare Vorstellung, wohin Deine Arbeit Dich führen wird? Hat dieser permanente Wandlungsprozeß eine besondere Bedeutung für Dich?

D Ich weiß, daß ich mitten im Geschehen stehe, und ich weiß nicht, wohin es mich noch führen wird. Zur Zeit arbeite ich an einer CD-Rom-Zeitschrift, an diversen Filmprojekten, am Re-design für New Yorker U-Bahn-Poster und für das Internet. Ein Mitarbeiter von BBC erzählte mir, daß es in den siebziger Jahren unmöglich gewesen wäre, für einen Vortrag um die Welt zu fliegen, nach Italien, Dänemark, Japan, Deutschland, Schweden, Neuseeland etc. Wie kommt das? Was hat sich geändert? Wieso habe ich heute diese Möglichkeiten? Mir wird aus einem solchen Phänomen allmählich klar, daß gerade das Umfeld meiner Arbeit expandieren wird, daß ich bereits ein Teil davon bin, daß beispielsweise meine Reisen, Vorträge und Interviews immer mehr Zeit in Anspruch nehmen werden. Für mich besteht die Gefahr darin, daß diese Verpflichtungen auch auf Kosten meiner Arbeit gehen können...

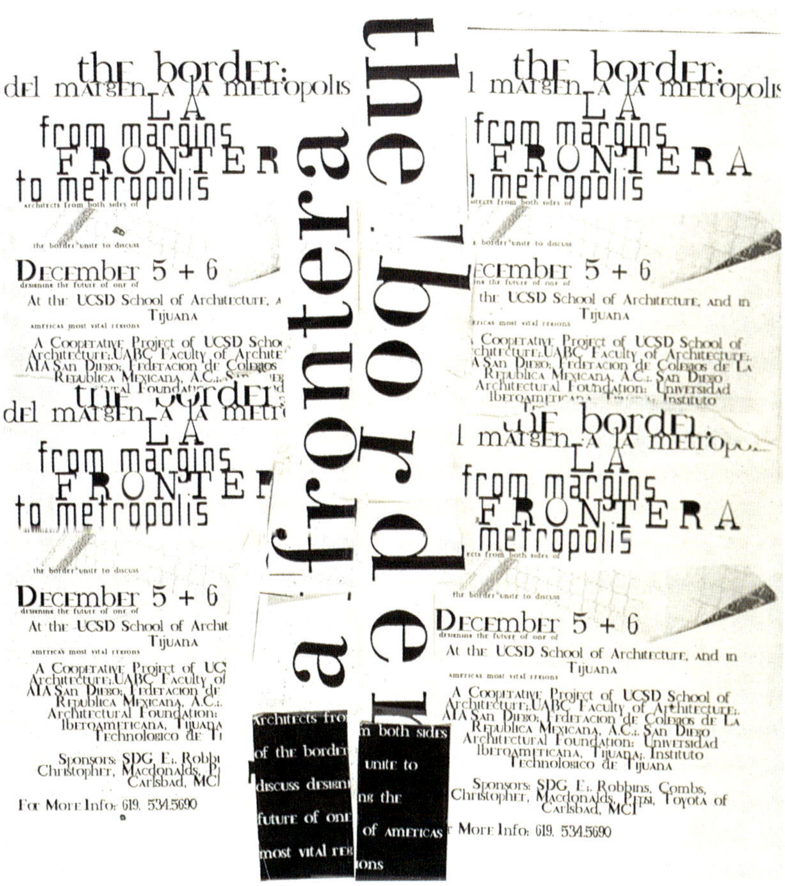

plakat für border conference, university of california
oben rechts: talk in seattle, dc

Bombay

New York

Delhi

Bombay

London

Tokyo

Bombay

Siena

Aberdeen

Faenza

Bombay

Pisa

New York

New York

Firenze

New York

Rome

Oxford

Faenza

New York

London

New York

Pisa

New York

Brussels

New York

Pisa

New York

S

THE END OF PRINT hays henderson

WANTED: a visual shorthand for today. Must be nearly new and adaptable. Good price paid.

Irgendwann verkaufte sich Carson an die Werbeindustrie. Vielleicht schon, als er damit begann, für seine Zeitschriften Anzeigen zu gestalten, wodurch große Firmen wie Pepsi, Levi's, Nike und General Motors auf das Wunderkind aus San Diego aufmerksam wurden. Vielleicht auch schon vorher, als er seine Musterrolle an Agenturen schickte, oder als er selbst mit einer Produktionsfirma aus New York einen Vertrag schloß. Jedenfalls wurde mit diesem Sündenfall aus einem begabten, mit Preisen überhäuften Art Director ein Instrument, das man sich mieten kann, von den Designgelehrten geächtet, denen Werbung ja sowieso ein Dorn im Auge ist.

Die Werbung bringt einem Grafikdesigner und seinem Stil nichts als Probleme. Von einem Mastermind, der hinter Ray Gun steht, erwarten die Werbeagenturen eher ein oberflächliches Image als eine fundierte Auseinandersetzung. Viele Agenturen kopieren deshalb schlicht und einfach, was Carson mit seinem experimentellen Stil entwickelt hat. Und nur die Agenturen, die von seinem Stil in den Zeitschriften angetan sind, haben sich tatsächlich an ihn gewandt. Ihre Absicht ist es, emotionale Brücken zu nutzen, um ihre Zielgruppe zu faszinieren, ein Prozess, der jenseits einer rationalen Erklärung liegt. Zunächst konzentrierte Carson seine Arbeit bei Werbespots ausschließlich auf den Bereich der Schriftgestaltung. Aber aus diesen erfolgreichen Ansätzen entwickelte er einen ganz individuellen neuen Stil, den er inzwischen von der Konzeption bis zur Filmregie beherrscht.

Carsons Filmdebut läuft parallel zur grundsätzlichen Veränderung im Bereich der Werbemedien. Dort hat der Glaube an Darstellung und Wirkung einer einzigen Werbeaussage als letzte Wahrheit ausgedient. Vorbei sind die Zeiten, in denen man ein Produkt durch eine geschönte Darstellung oder durch eine umschreibende Story glaubwürdig machen konnte, um so die Vorteile gegenüber dem Konkurrenzprodukt kaufentscheidend vermitteln zu können. Denn die Vermittlung einer mit dem Produkt verbundenen Haltung ist inzwischen an die Stelle des traditionellen Kaufarguments getreten, wenn es darum geht, aufgeklärte Verbraucher zu beeindrucken. Und um diese Haltung zu vermitteln, müssen die Agenturen auf neuen Stilmitteln aufbauen, die sich von den traditionellen Methoden diametral unterscheiden. Die neuen Wege, die Konsumenten zu binden, führten häufig zu einem überraschenden Agenturwechsel. So hat sich Coca Cola beispielsweise von seiner traditionellen Agentur verabschiedet und 1993 die Talentagentur CAA aus Hollywood beauftragt, bei allen zukünftigen Kampagnen einen neuen, emotionalen und irrationalen Weg der Produktkommunikation zu gehen. Nach ausführlichen Motivations- und Marktuntersuchungen für Coca Cola erkannte man, daß es an der Zeit war, aus der bisherigen Werberlogik auszubrechen und neue Wege zu beschreiten. Zu diesem Zweck wurde eine text- und bildorientierte Sprache entwickelt, um die neuen Sehgewohnheiten der Zielgruppen zu treffen. Derartige Reorganisationen einer großen Traditionsmarke signalisieren die Abkehr von der traditonellen Werbung, ermutigen zu weitergehenden Experimenten und zu noch unorthodoxeren Wegen, wenn es darum geht, ein Publikum anzusprechen, daß sich in seinem Medienkonsum im Wandel befindet.

„Das Grafikdesign wird genauso wie Rock'n Roll die Welt verändern", kommentiert David Carson ironisch. Dennoch bezweifelt er, ob die Grafik so wie die Musik eine Gesellschaft verändern kann, obwohl sie ihr Ausdruck ist. Aber das ist der Punkt, an dem Carsons Stil exakt auf heutige Werbetrends übertragbar ist. Sein künstlerischer Individualstil paßt plötzlich nahtlos in die harte Landschaft der Massenmedien, als unverbrauchte und deshalb glaubwürdige Botschaft.

Diese engagierte Haltung ist die Seele seiner Arbeit, ob für redaktionelle Beiträge oder für Anzeigen. Übergänge zum Kommerz waren bei Carson von Anfang an fließend, schon als er für seine ersten Zeitschriften auch die Anzeigen im gleichen Stil entwarf. Deshalb gibt es für ihn auch heute noch kaum einen Unterschied zwischen der Gestaltung einer Anzeige und der Vermittlung eines redaktionellen Beitrags.

Leonard Cohen Flaschenetikett, 1988.

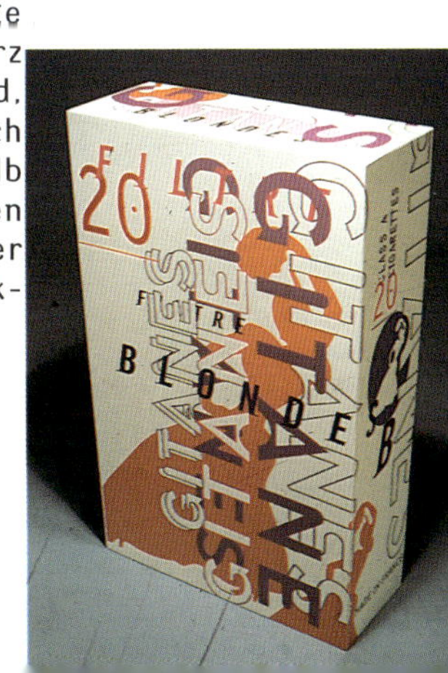

Verpackungsdesign Gitanes , 1994>>

BOTTOM
LINE
LINE
LINE

Vorhergehende und diese Seiten: Schriftfolgen für TV-Spots
Schrift dc
Auftraggeber Ryder
Agentur Ogilvy & Mather
Regie Alex Weil

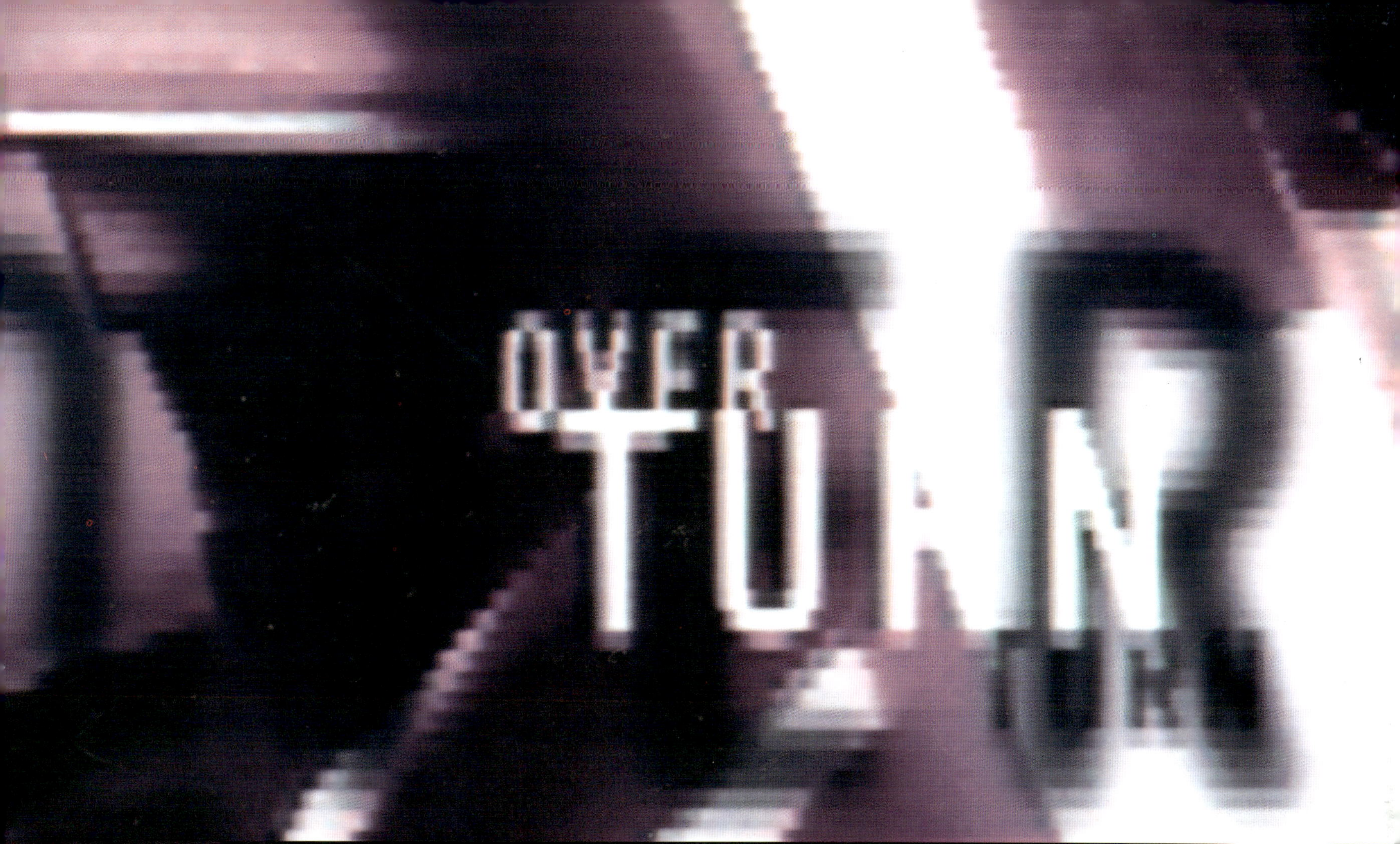
OVER
TURN
TURN

change
irection

ASSET
TURN
SPEND
SPEND

LINKS oben: ryder tv-spot, 1995. unten: nations bank tv-spot, regie dc, 1994.
oben: tv-spot für glendale federal bank, regie und grafik dc

nachfolgende seiten>> drei von 22 tv-spots für hardees, regie dc. agentur: deutsch ny, kamera david griffiths production co cfm 1 9 9 4.

SEEMS
UNFAIR

SANDWICH
THE MONTH

oben: unveröffentlichte anzeige für camaro, 1992. rechts: anzeige für nike
agentur weiden + kennedy (amsterdam), creative director susan hoffman, 1994.
hintergrund vans tennis shoes tv-spot, bild + schrift dc, 1993.

NIKE
so as soon as I tell myself I'm the first man ever to be dropped into the world.
and as soon as I take that first flying leap out into the frosty grass of an early morning when even birds haven't the heart to whistle.
I get to thinking. and that's what I like.
THE AIR PEGASUS RUNNING SHOE
THINK OF IT AS FREEDOM WITH LACES
I go my rounds in a dream. turning at lane or footpath corners without knowing I'm turning. leaping brooks without knowing they're there. and shouting good morning to the early cow milker without seeing him. It's a treat being a long-distance runner. out in the world by yourself with not a soul to make you bad-tempered or tell you what to do or that there's a shop to break and enter a bit back from the next street. Sometimes I think that I've never been so free as during that couple of hours when I'm trotting up the path out of the gates and turning by that bare-faced. big-bellied oak tree at the lane end. Everything's dead. but good. because it's dead before coming alive. not dead after being alive. That's how I look at it. Mind you. I often feel frozen stiff at first. I can't feel my hands or feet or flesh at all. like I'm a ghost who wouldn't know the earth was under him if he didn't see it now and again through the mist. But even though some people would call this frost-pain suffering if they wrote about it to their mams in a letter. I don't. because I know that in half an hour I'm going to be warm. that by the time I get to the main road and am turning on to the wheatfield footpath by the bus stop I'm going to feel as hot as a potbellied stove and as happy as a dog with a tin tail.
ALAN SILLITOE. THE LONELINESS OF THE LONG DISTANCE RUNNER
problems are universal. solutions are individual.
JUST DO IT.

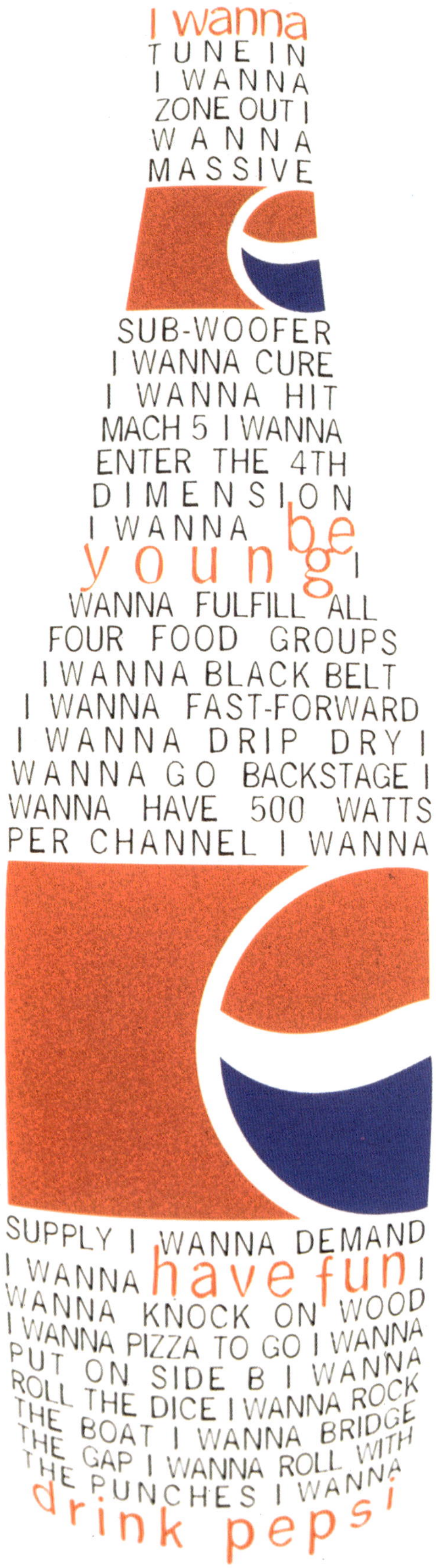

oben: zwei von fünf anzeigen für pepsi. design dc. agentur bbdo ny. creative directors andrew christou und erik baker. hintergrund budweiser tv spot. schrift design dc. agentur ddb needham, chicago. creative director brian bacino. producer marty weiss. regie albert watson
rechts außen: anzeigen nike europe. erschienen in 12 sprachen. design dc. agentur weiden + kennedy (amsterdam). creative director susan hoffman

FUNKTIONALE
KUNSTFORM.
24 -
48
GROßE
MOLEKÜLE IN EINE PLASTIKTÜTE GESPERRT WERDEN? NICHTS.
EINE FUßGENIALE DÄMPFUNGSSUB-STANZ, DIE BLEIBT,
WO SIE IST UND MILLIONEN SCHLÄGE IN SCHRITTE VERWANDELT.
AIR
THE resemblance BETWEEN YOU AND ANDRE IS UNCANNY BECAUSE YOU BOTH ARE WEARING THE NEW AIR CHALLENGE FUTURE tennis SHOE FROM NIKE WITH THE EXOSKELETAL STRAPPING AND THE HUARACHE-FIT™ INNERBOOT system WHICH MOLDS TO YOUR FEET AND YOU BOTH ENJOY THE BETTER LATERAL MOTION BECAUSE OF THE LONGITUDINAL FLEX LINES AND HERRINGBONE OUTSOLE AND YOU SHARE AN INCREDIBLE AMOUNT OF cushioning HATS OFF TO THE NIKE-AIR® CUSHIONING IN THE HEEL AND FOREFOOT AND THERE ARE MYRIAD OTHER THINGS YOU HAVE IN COMMON LIKE THE FOOTFRAME™ DEVICE AND THE MIDFOOT tension STRAP WITH RUGGED HOOK-AND-LOOP CLOSURE FOR INSTANCE AND
LET'S FACE IT IF IT WEREN'T FOR THE HAIR AND THE earring AND THE WIMBLEDON CUP YOU GUYS COULD BE, LIKE,
TWINS.
TWINS.
NIKE AIR
NIKE AIR
AIR STRUCTURE II running shoe from Nike has a thermoplastic Footbridge™ device for
STABILITY.
IT HAS A HEEL CLEFT FOR
STABILITY.
IT HAS A SCULPTED MIDSOLE FOR
STABILITY.
IT IS THE MOST
STABLE SHOE NIKE HAS EVER MADE.
IT'S STABLE,
OK?
NOW WILL YOU
RELAX?
RELAX

Nachfolgende Seiten] links: Layouttechnik für TV-Commercial RYDER. > rechts: Inhaltsangabe für die achte Ausgabe von Ray Gun, 1993. Der neue Inhalt erscheint auf der für die dritte Ausgabe erstellten Seitendisposition.

rechts: logos für neue jeansserie von levi's.
creative director stephen willie, producer mike jurkovac,
agentur FCB, sf, illustratoren sandra hill, kathleen kenyon, 1995.
mitte rechts: label für silver tab, foto albert watson, 1995.
oben: bewegte schriften, tv-spot glendale federal bank, 1995.
regie und schriftentwurf dc, agentur BBDO, L.A.,
art director steve kimura, texter steve skibba, produzent tony kaye films

PLEATED
chinos
silverTab
LEVI'S
BAGGY
worker
jean
L2
LOOSE

oben: Abonnement für eye, 1992. oben links: Umschlag, emigre, 1993.
oben rechts: Rückseite von emigre, 1993. gegenüber: Plakat für Veranstaltung in Cincinatti, 1993.

ADRASVON
you don't need the money,
get hurt
like nobody's watching,
the heart if you want it to w
LYRIC: SUSAN CLARK AND RICHARD LEIGH
tional copy elements:
september 21
ADCC or a d c c (etc)
cincinnati art museum(location)
1993

buch über den fotografen albert watson. der titel *cyclops* spielt darauf an, daß watson auf einem auge blind ist. links: kate moss, unten: alfred hitchcock . die titelschrift läuft in die klappe hinein, 1994.

cycl ops

watson

albe CLOPS

cyclops

albert wats n

Introduction by James Truman, Editorial Director of Condé Nast Publications. Essay by Jeff Koons, Artist.

BROODINGLY POWERFUL, intensely emotional, seductively erotic, and always dramatic, this collection of truly extraordinary images, published here in book form for the first time, bears witness to the quarter-century-long career of one of our greatest photographers—Albert Watson. Though blind in one eye since birth, Albert Watson is the invisible force behind many of the most iconic images of our age and is best known for his unique and hugely successful work in advertising and fashion. His client list reads like a Who's Who in the fashion and beauty industry: Chanel, Christian Dior, L'Oréal, Revlon, The Gap, and Levis among many others. Watson is also highly sought after as a portraitist by celebrities the world over: Mick Jagger, Jack Nicholson, Gore Vidal, Alfred Hitchcock, Jeff Koons, and the Royal Family to name a few. Yet despite Watson's prominence, his chameleon-like versatility has made him a bit of an enigma in the photography world: it's not always easy to define an Albert Watson image. However, this stunning debut volume succeeds in capturing both the essence and variety of Watson's style and art in every category, whether it be his fashion, portraiture, reportage, landscape, or still-life work. The range of his work is breathtaking: portraits of Louisiana death-row convicts doing hard time in a maximum security prison; Keith Richards enveloped in smoke; haute couture in an English country house; ancient Scottish megaliths standing in silence; a female nude arched in ecstasy; the simplicity and delicacy of a flower in a vase. His camera conveys the kaleidoscope of human emotion with glamour, drama, and crystal clarity.

AS A COMPLEMENT to his own photographs, Watson has written a rich, revealing text, that draws the reader further into the depths of the subjects on which he chooses to focus. Richard Benson, the world's foremost authority on techniques of photographic, photomechanical, and digital reproduction of fine imagery, has applied his unmatched skill to create pages that are faithful to the original silver, platinum, or cyanotype prints.

WITH THE PUBLICATION of this magnificent retrospective volume, Albert Watson—"the great unknown" in the words of *American Photographer*—is destined to become a household name.

hitchcock with goose.
universal studios, , christmas

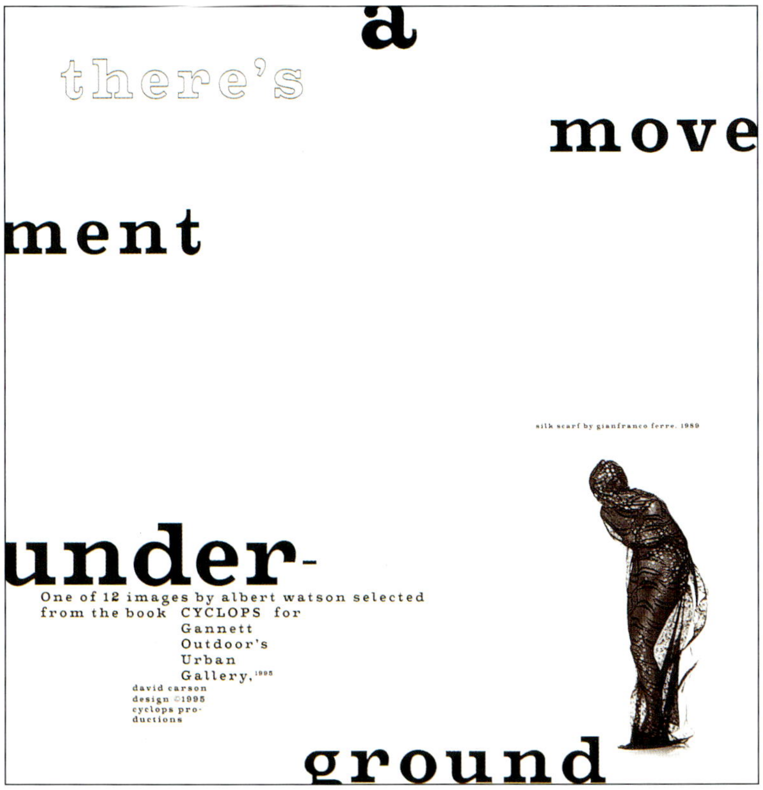

Plakate für GANNETT OUTDOOR's New Yorker Subway-Kampagne, 1995. Agentur und Design dc. Fotografie Albert Watson

links: logos für prince, sega, planet magazine, cable tv, david byrne film 'between the teeth' 1993-4

Carson-Typografie im öffentlichen Raum. Mit 350 Plakaten testete die New Yorker Agentur Gannett Outdoor im März 1995 eine für das gesamte New Yorker Untergrundbahnsystem geplante Plakatkampagne. Auftraggeber: Gannett Outdoor. Texter: Mike Jurkovac from OFFELLA

the END

from OFFELLA in 1995

OF

from OFFELLA in

PRINT

Y

YET !!!!!!

& yet ?

!

TRA V EL

+ TALKS

oben: auf dem weg nach bergen, 1992.
links: in der schweiz, 1985.
rechts: florida talks, 1995.
hintergrund: auf dem flug in das nike design-camp 1994.
fotos dc

florida
AIGA JACK-
SONVILLE+MIAMI,
AND SIMPSON
PAPER
PRESENT
JACKSONVILLE
JANUARY 25
MIAMI
JANUARY 26
END OF PRINT TOUR '95

"Your magazine
azine is
is beautiful.
ugly;
Thanks for the damn
David Carson
eyes
aphy and design, giving over 30
year.
Typographic circle
Prince, David Byrne, Suzuki,
re and Ray Gun magazines.
He tries to add complexity to the experience of reading a magazine but he sees no point in making things so obscure that they simply can't be read. "I do what looks and feels right to me.
Our approach and the way we work the page might mean that maybe a word here and there is lost, but in leaving things out people pick up on an attitude which maybe communicates as much meaning to them as the missing conventional elements whould have, had they been left in place"
Call 031 557 1212
20 6265
As part of his highly individual and "vibey" approach, he seems to see his role as less to do with the process of fitting copy to tightly ordered templates and more to do with putting an interpretive spin on the content of any given piece - be it a photo essay or a few columns of standard American rock journalism.
Members £3.00 Students
at the skewed columns and fluctuating
then make it on to the page.
a cool use of space
composition.
ch page you happen to be looking at or
clues and confusion.
tantly recognisable
g methods have helped him to gain
at times, a celebration and creat
has had it's day.
for the job at

Every project has its own content and angle, they all require different thought processes and solutions. That's what keeps him interested. When you talk about photography and illustration, you see some of the best work done in America. Again, within publication design in America, there has been a phenomenal staleness. That's why Beach Culture stood out, because there is so little innovation that takes place. Actually, publication design, at the time of Beach Culture, was the best it had been in some time and probably better than it's been since.

Publication design is a process. You have to go through one issue to get to the next. It's continual growth process and the magazine evolves.

He doesn't feel that because something has become obsolete it means it was "garbage" when it was produced. It may have been speaking to a particular audience at a particular point in time.

links oben:
die ankündigung
eines vortrags,
edinburgh, 1994.
einladung zu einem vortrag
des jordanstone college,
dundee, schottland, 1994.

david carson mit barry deck am ravensbourne college of design and communication bei einem studentenworkshop, dessen ergebnisse anschließend in einer zeitung veröffentlicht wurden. ames allen, paul austin, mich boyt, christine brazel, mark breakspear, jonathan cheetham, catherine ellison, madeline jones, benjamin parker, nathan pollard, anna robinson, rosie sharp, jane shearman, dominic smith, claire terry, chi tran, **1994.**

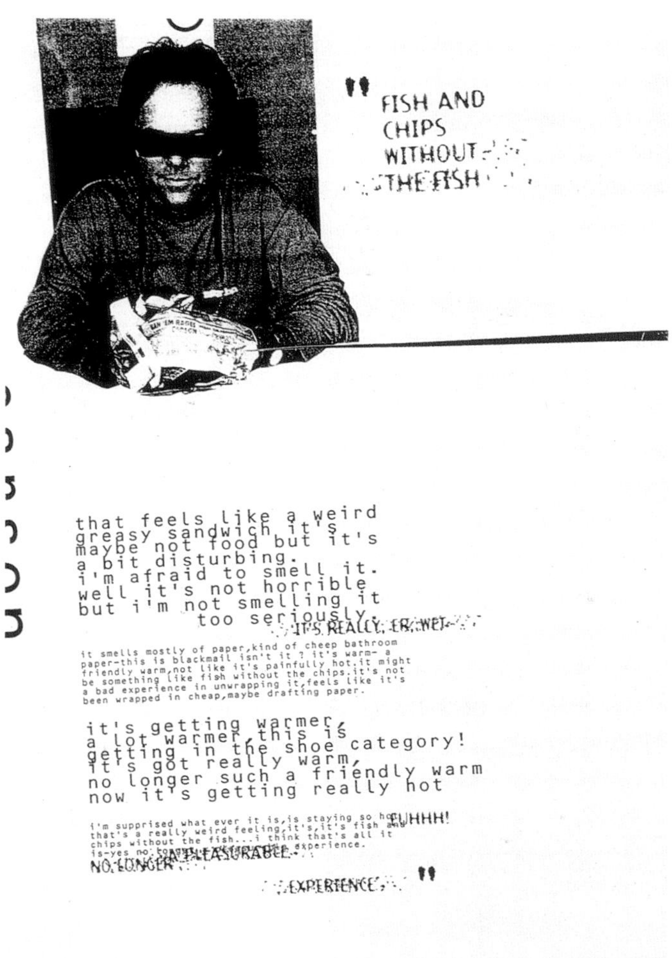

"blindfolded, describe what you're holding"

Draw the outline of the British Isles accurately marking the position of Ravensbourne College; Stonehenge; Hadrians Wall; exit of Channel Tunnel; Buckingham Palace; Welsh border.

David Carson

The outline of Britain ...so, is that a trick question or is that England or is it London, or is it Scotland?

Does this mean I missed?

Stonehenge ...ah, yes, that's on the way to Newquay.

There's the grass, always a tourist ...cameras.

Oh, I got it!

Perfect match actually!

Are you sure?

I kind of screwed up on Scotland ...and Wales.

Yes, I'd love a beer [10:22am].

Yes, this is going to get really strange.

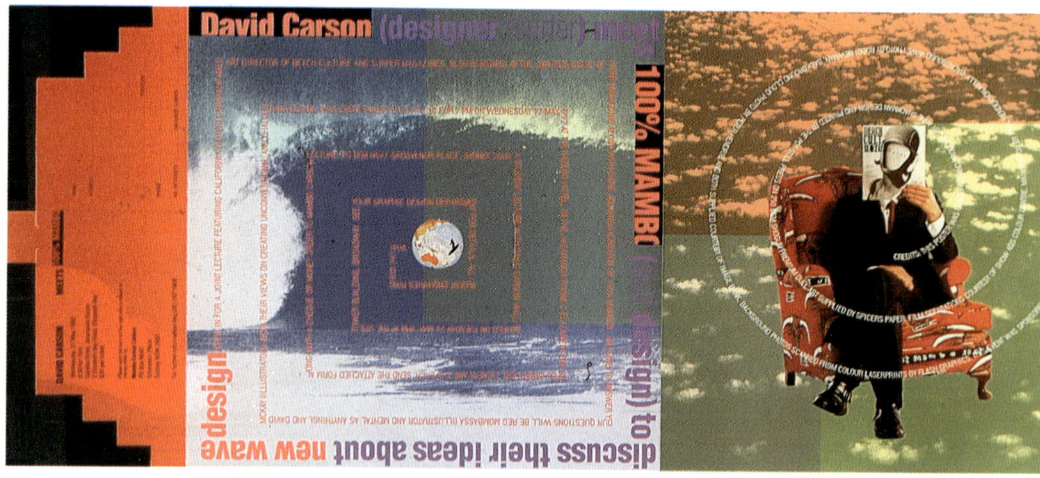

sydney, vortrag in australien. design anne shackman, 1992.

links: plakat für nyc type directors club, 1994. foto lars lindahl, oben: plakat maryland institute of art, 1993. illustration doug aitken

bergen, norwegen, foto eines unbemannten mondlandefahrzeugs und zeilen aus einem country- und westernsong, plakat, 1992.

plakat aigala vortrag, foto bob carson. RECHTS plakat für fuse: "mit welchen waffen wird der dritte weltkrieg geführt? antwort: ich weiß nur, daß der vierte mit knüppeln, steinen und fäusten ausgetragen werden wird."
UNTEN fuß des grafikers auf dem flug in das design-camp von nike, 1994.
NÄCHSTE SEITE cv, entwurf und fotoauswahl craig allen

curriculum vitæ

Geburtsort: Corpus Christi, Texas. Wohnorte im Vorschulalter: Florida, Ohio, Colorado, Puerto Rico, North Carolina, Kalifornien [zweimal] und West Indische Inseln.

8 8 b 4 8 8 8 8 8 D

1970 **Profisurfer** unter den acht Weltbesten.

1977 Studienabschluß **San Diego State University** in Soziologie "with honours and with distinction".

1979 Lehrer an der Real Life Private School **Grants Pass, Oregon** [Alle Fächer, ganztags, plus Sport.]

1980 Zweiwöchiger Workshop in Grafik an der University of Arizona

Beginn des Grafikstudiums an der San Diego State University mit Wechsel zum Oregon College of Commercial Art. Praktikum bei Surfer Publications, Dana Point, Kalifornien.

Hawaii Foto von Dan Merkel

1982-7 Lehrer für Soziologie, Psychologie, Wirtschaft, Geschichte an der Torrey Pines High School, Del Mar.

1983 Dreiwöchiger Grafiklehrgang in Rapperswil, Schweiz, u.a. bei Hans-Rudolf Lutz.

ART DIRECTOR/DESIGNER

1983-7 TRANSWORLD SKATEBOARDING

1988 **MUSICIAN**

1989-91 BEACH CULTURE

1991-2 **SURFER**

1992- RAY GUN

1993- Als Grafikdesigner und Berater tätig für Firmen wie Burton Sn sowie Musiker wie David Byrne und Prince.

1994-5 Realisierung von TV-Commercials für Kunden wie American Ex Coca-Cola, Hardees, MCI, Nations Bank, Ryder Trucks, Sega, T ar David (: Insert the page number (written and numeric) in the first bit at the appropriate places qwertyuioplkjhgfdsaz xcvbnm & page one hundred and fifty something150+@(I hope)nearer the end than thee The cursor is sitting here on the screen, moving right as you read. After stopping it starts again, a pallid imitation of Bembo (as it happens) floating up on to the screen as we look to record our processes. Now it has become something else... David: say what it is now

Dem Designer von heute stehen Mittel zur Verfügung, von denen man vor einem Jahrzehnt noch nicht einmal zu träumen wagte. Die digitale Technologie hat gerade in der Grafik Werkzeuge und Methoden entwickelt, mit denen schöpferische Ideen auf ungeahnt leichte Weise umgesetzt werden können. Funktionalität und

David's Del Mar Garage

Arbeitsteilung waren ein Charakteristikum früherer Prozesse. Die neuen Technologien haben beide Prinzipien entwertet. Dennoch sind traditionelle Methoden zwar de facto, aber nicht vom Arbeitsprinzip her verschwunden. Außerdem sind traditionelle

Methoden aus der Bleisatzzeit ebenso effektvoll zur Stilbildung einzusetzen. So wie Dunkelkammer und Bildschirm nebeneinander existieren können. Carsons Arbeit markiert zwar den Wendepunkt konstituierte sich jedoch sowohl vor wie auch nach der Einführung der Desktop-Technik. Darin liegt auch der Schlüssel, weshalb Carson so virtuos und frei mit traditionellen Collagetechniken wie mit den neuesten Schrift- und Bildprogrammen umgehen kann. Erst seit 1989 setzt er für seine Layoutarbeiten den Computer konsequent ein. Aber selbst wenn er am Bildschirm Schriften und Layouts unkonventionell manipuliert, steigt er zeitweilig aus dem System aus und experimentiert parallel mit herkömmlichen

Methoden.

So spielen beispielsweise ganz normale Computerausdrucke, die konventionell mittels Fotokopierer zu Zufallsergebnissen verfremdet und durch erneutes Einscannen weiterverarbeitet werden, eine wichtige Rolle im experimentellen Bereich seiner

arbei ten

Musician-Büro, NY >

Surfer office >

boards, Gannet Outdoor, Gotcha Clothing, Hallmark Corporation, Levi's, Nike und Pepsi.

ss, Citibank,
uide und Vans.

Selbst bei Highend und Postproductions für Videos greift Carson zeitweilig auf bewährte und einfachste Methoden zurück. Dann entflieht er dem digitalen System und nutzt Schere und Klebstoff für künstlerische Schriftcollagen, die dann verzerrt oder verspiegelt abfotografiert wiederum in das High-Tech-System

eingebracht werden. Das Layout des vorliegenden Buches entstand - wie die Zeitschriften - auf einem PowerMac in QuarkXPress. Die einzelnen Seiten, und das ist typisch für Carsons doppelbödige Arbeitsweise, wurden zwischendurch auch im Schwarzweiß-Ausdruck an die Wand gepinnt, um die richtigen Abläufe und die Rhythmik der Seitenfolgen zu überprüfen. Eine Datei der Abbildungen, die in möglichst niedriger Auflösung angelegt wurde, machte es möglich, daß alle Bilder, die aus Zeitschriften, Anzeigen und Originalbeiträgen ausgesucht worden waren, sowie Fotos und Videos spielerisch abrufbar zur Verfügung standen.

Carsons Arbeit mit der Typografie ähnelt mehr der Arbeitsweise eines Musikers im Tonstudio als der eines herkömmlichen Schriftgestalters. Seine Schriften stehen ihm zur Verfügung wie dem Komponisten die Noten. Während des Arbeitsprozesses drängt sich dem Beobachter immer wieder der Vergleich auf, wie heute Techno-Musik komponiert wird. Diese Art der Musik entsteht, indem gespeicherte Fragmente ausgewählt, verändert und übereinandergeschichtet werden.

Die Betonung des Prozeßhaften und die Freude, Prozesse als nachvollziehbare ästhetische Vorgänge und optische Sensationen darzustellen und sie als solche dem Betrachter nachvollziehbar zu machen, erinnert in seiner absurden Kompliziertheit an die Geisteshaltung und Vorgehensweise der Dadaisten. Hier vor allem an Schwitters und Duchamp. Und an die selbstbewußten Druckversuche des Holländers Hendrik Werkman aus den zwanziger und dreißiger Jahren. Jedoch sollte man sich vor allzu direkten Bezügen zu historischen Phänomenen hüten. Dennoch zeigen vergleichbare Einstellungen zum Experiment, wie sehr die Exponenten der modernen Technik- und Medienkultur Parallelen zum Zeitalter der frühen Collagepioniere aufweisen. Mit den selbstsicher vorgetragenen Gestaltungsprozessen erhält die gestaltete Botschaft heute wie früher eine neue Aussagekraft, beziehungsweise ist die Art und Weise, wie die Botschaft vermittelt wird, bereits ein wesentlicher Bestandteil der Botschaft selbst geworden......................

ugTkC_(+(R)U'@C-iP/

1994- Studio in San Diego Kalifornien. [Foto DC

1995- Zweitbüro in New York.

dear david
i am sorry about the end of print
it was nice while it lasted
i always liked the smell of mimeo copies
and you could always tear out the pages after you read them
i'll miss the subjectivity the imprecision
but i am ready i think
could you blow this up really big and print it in the wrong color
and tell everybody to go back to school and to remember that
form ain't worth a shit anyway and that content ideas you big
bunch of jerks rules make that part red or something ok?

The End of Print tibor kalman 1995

this book is dedicated to nana

special thanks

bob und dorothy carson
doug aitken
craig allen
chuck anderson
marshal arisman
larry balma
david becker
caledonia blackwell
jackson boelts
florian bohm
jan burney
david byrne
steve byrom
liz charman
giorgio cammuffo
vera daucher
corrine day
rodney sheldon fehsenfeld
neil feineman
ed fella
marcellus hall
paul haven
chiharu hayashi
marion hebert
hayes henderson
sandra hill
brad holland
shannon holts
patrick howell
john huikku
marvin scott jarrett
mike jurkovac
tony kaye
geof kern
lynn knipe
betsy kopshina
roger krugar
amy lam
café lulu coffee shop, sd
matt mahurin
nancy mazzei
rebecca mendez
kristen mcfarlene
d. david morin
melea morris
joelle nelson
miles newlyn
(außergewöhnlicher
Schriftdesigner)
david o'higgins
stacey peralta
steve pezman
joseph polevy
gillian spilchuk
clifford stoltz
becky sundling
andré thijssen
jake tilson
raffaella venier
christopher vice
albert watson
alex wiese
stephen willie
shawn wolfe

Buchgestaltung: david carson
Assistenz: craig allen

ホース格納箱

THE END OF PRINT **jackson boelts** 1995